教育部人文社会科学研究规划基金项目《基于"文化自信"的湖南瑶族非遗文创设计研究》（19YJA760074）
湖南省哲学社会科学基金系列项目《基于"文化自信"的湖南瑶族非遗文化创意研究》（18YBA437）

U0733134

# 文化创意产品
## 设计方法探析

■ 徐鸣 著

云南出版集团
云南美术出版社

图书在版编目（CIP）数据

文化创意产品设计方法探析 / 徐鸣著．-- 昆明：
云南美术出版社，2022.7
ISBN 978-7-5489-5051-6

Ⅰ．①文… Ⅱ．①徐… Ⅲ．①文化产品－产品设计
Ⅳ．① G124

中国版本图书馆 CIP 数据核字（2022）第 128870 号

出 版 人：刘大伟

责任编辑：郑涵匀　陈铭阳

装帧设计：泓山文化

责任校对：李　林　张京宁

文化创意产品设计方法探析

徐　鸣 著

出版发行　云南出版集团　云南美术出版社

社　　址　昆明市环城西路 609 号

印　　刷　石家庄汇展印刷有限公司

开　　本　787mm×1092mm　1/16

印　　张　10.5

字　　数　229 千字

版　　次　2022 年 7 月第 1 版

印　　次　2022 年 7 月第 1 次印刷

书　　号　ISBN 978-7-5489-5051-6

定　　价　58.00 元

# 前　言

　　文化创意产品是指文化创意产业中产出的制品或制品的组合。从产品最终形态来看，文化创意产品包含两个相互依存的部分：文化创意内容和载体。

　　目前，文化创意产业在全球引起热潮并快速发展，已经成为很多国家经济发展的支柱。中国文化创意产业起步虽晚，但发展迅速，并受到政府、企业等多方面的重视。高等艺术设计教育如何适应我国文化创意产业市场的需要，培养符合文化创意产业需求的人才，这是设计教育必须重新思考的新课题，也是我编写本书的初衷。

　　文化创意产业是当今世界文化发展的重要潮流，是知识经济的核心内容。在知识经济发展的今天，文化与经济、政治相互交融，在综合国力竞争中的地位和作用越来越突出。文化创意产业作为文化的一部分，其重要性是我们不能忽视的。技术工艺都可能在短时间内被他人模仿，唯一的方法就是不断创新。未来国与国之间的竞争，某种程度上就是创意的竞争。全球化带来了文化创意产业的国际分工与合作，跨国文化企业的生产规模已经出现。在当前社会，人们面临大量的产品选择，媒介作为人们生活中无孔不入的组成部分，正在以难以想象的力量构建着人们的生活，同时也是文化创意产业中的重要组成部分。媒介是文化创意产业发展壮大的重要载体，而文化创意产业是媒介传播的重要内容，两者是形式和内容的关系。创意与媒介像是数学中的交集，很大程度上是包含和被包含的关系，那么两者必然你中有我，我中有你。重视文化创意产业与媒介这一重要关系，有利于社会经济和文明的发展，有利于提高国家综合国力。

　　基于此，本书从文化创意产品的基础理论出发，渐渐深入探讨文化创意产品的内在机理，包括其在各个领域的融合与发展。本书立意新颖，观点鲜明，层层递进，理论与实际相结合。

# 目　录

第一章　文化创意产品设计的基础认知 ·················································· 1
　　第一节　文化创意产品的定义 ·························································· 1
　　第二节　文化创意产品设计理论 ······················································ 8
　　第三节　文化创意产品的特征与方法 ················································ 15
第二章　文化创意产品的类型及运营方向 ············································· 19
　　第一节　文化创意产品类型与产业升级 ············································· 19
　　第二节　互联网经济下的文创产品运营方向 ········································ 24
第三章　文化创意产品设计的构成 ····················································· 30
　　第一节　文化创意产品设计的构成要素 ············································· 30
　　第二节　文化创意产品设计的创意表现 ············································· 47
第四章　文化创意产品的思维模式 ····················································· 51
　　第一节　创意思维的基本原理 ························································ 51
　　第二节　灵感思维的重要性 ·························································· 55
　　第三节　加法思维与减法思维并重 ·················································· 60
　　第四节　逆向思维的特征与方法 ····················································· 66
第五章　文化创意产品的创新技巧 ····················································· 69
　　第一节　产品创意设计的步骤与切入点 ············································· 69
　　第二节　产品创意设计的技巧与创新 ················································ 73
第六章　多元视角下文化创意产品设计 ··············································· 85
　　第一节　传统文化元素与文化创意产品设计 ········································ 85
　　第二节　多感官体验与文化创意产品设计 ··········································· 88
　　第三节　仿生设计与文化创意产品设计 ············································· 91
　　第四节　文化新经济与文化创意产品设计 ··········································· 93
　　第五节　非遗文化与文化创意产品的设计 ··········································· 95
第七章　文化创意产品的开发利用 ····················································· 98
　　第一节　生态环境设计利用 ·························································· 98
　　第二节　文化创意动漫设计利用 ···················································· 120
　　第三节　图书馆文化创意产品设计利用 ············································· 128
第八章　新媒体背景下文化创意产业的发展 ········································· 143
　　第一节　数字技术与文化创意产品的创新 ·········································· 143

　　第二节　移动互联技术对文化创意产业的影响 ·············································· 149

　　第三节　新媒体艺术与文化创意产业的融合互动 ·············································· 153

　　第四节　新媒体时代我国文创产业发展的对策 ·············································· 157

**参考文献**···························································································· 161

# 第一章　文化创意产品设计的基础认知

## 第一节　文化创意产品的定义

### 一、文创产品

文创产品（即文化创意产品），是指文化创意产业中产出的任何制品或制品的组合。从产品最终形态来看，文创产品包含两个相互依存的部分：文化创意内容和载体。

目前，我国的文创产品开发还处于初级阶段，文创产品涉及的广度和深度仍有很大的提升空间，市场前景广阔。但是，进行文创产品开发前一定要注意其所包含的两个相互依存的部分，及它的开发特点。

在提出文创产品的概念以前，对应的是工艺产品和旅游纪念品的概念。前者的重点在于体现工艺的特点，后者的重点则体现地域的特点。实际上，很多时候旅游纪念品都演变为游客到此一游的证明，尽管各地域、各景区相隔千里，但是售卖的纪念品几乎一模一样。

许多人到了景德镇往往会买套瓷器，甚至有些人会为购买一套正宗的茶具专程来到景德镇。陶瓷产品既是一种工艺产品，同时也因为景德镇的千年"瓷都"地位，成为具有地域代表性的旅游纪念品。然而，大部分购买者不会去追究在景德镇购买的瓷器是否产自景德镇，这些瓷器也仅仅因地域本身而被赋予其特定的意义，唯一的证明只剩下瓷器底部的"中国景德镇"五个大字。

当文创产品替代工艺产品和旅游纪念品出现之后，它所区别于这两者和一般产品的文化内容的创意设计就是它的附加价值。对比德化瓷器的"物质"，景德镇目前依然坚持的传统制瓷的古方古法和匠人之心就是它的文化内容，再融入令人耳目一新的创意，便能区别于德化瓷器和其他一般的瓷器。

但是，文化创意内容无法独立存在，必须依靠载体而存在，而这个载体就是产品。因此，在进行文创产品设计前，必须先明确产品的概念。

### （一）产品的概念

产品到底是什么？对于这个问题设计师和消费者好像都很熟悉了，然而产品的概念和范围一直在变化并不断扩大。例如，随着时代的变迁，我们书房里的家具陈设也发生了变化。产品改变时，同时改变的还有我们的生活场景与生活方式。产品绝对不仅仅是有形的物品，还应是能够供给市场，被人们使用和消费，并能满足人们某种需求的东西。产品既包括有形的物品，

1

也包含无形的服务、组织、观念或它们的组合。简单来说,"为了满足市场需要而创建的用于运营的功能及服务"就是产品。所以,当人们的住宅场景与生活方式改变后,人们对书房的功能需求发生了变化,于是就有新的产品被设计出来以适应这种需求。

### (二)文创产品的价值

了解所要设计的产品的概念,就可以明确文创产品的设计范畴,将文创产品的两个部分——文化内容的创意设计和载体进一步分为三个价值组成部分:一个是文化内容的价值,一个是创意内容的价值,再一个是载体(即产品)的成本。前两者难以量化,后者则要从有形载体和无形载体两个类别进行分析,有形载体的价值比较容易量化,而无形载体的价值不容易量化。由此,文创产品的属性可以分为两个方面:一个是无法量化的文化创意的价值属性,另一个是经济价值属性。

文创产品的价值往往取决于文化创意的价值属性。如苏州博物馆的文创产品衡山杯采用文徵明的衡山印章图案作为文化元素,将印章图案应用在杯底,整个杯子的造型好似一枚印章。杯子材质选用汝瓷,以契合文徵明的文人气度,同时也符合苏州雅致的地域文化特点。因为文化元素源自衡山先生——文徵明,其所代表的文化内容给这个杯子增加了文化价值,印章和杯子的结合又增加了创意价值,使整个杯子的价值远远大于材质本身的经济价值。

所以,文创产品的设计基础一定是文化,只有将文化内容表达得出彩,才具有其他产品所不可替代的价值。

## 二、文创产品的基础是文化

中国传统文化内涵丰富,这也是我国在发展过程中文化积累所产生的优秀成果。中国传统文化有"俗文化"与"雅文化"之分,如被称作翰墨飘香的"文房四宝"——笔、墨、纸、砚便是雅文化中的精品。在古代文人眼中,包括笔、墨、纸、砚在内的精美文房用具不仅是写诗作画的工具,更是他们指点江山、品藻人物、激扬文字、引领时代风尚的精神良伴,随着日常生活的审美普及,这种雅文化渐渐重新融入人们的生活中,体现在消费者对衣、食、住、行等日常需求的更高品质和内涵的追求上,最终,文创产品依靠蕴含其内的文化在众多产品中脱颖而出,不仅受到游客的追捧,也受到普通消费者的喜爱。这些以中国传统文化为设计基础的文创产品也成为沟通传统与现代、维系外观和内涵的载体。

文创产品要实现文化内容的准确表达和传达,使消费者通过文创产品接收到准确的文化内容,得到文化体验,这是设计文创产品的基本要求。

### (一)文化是什么

在利用各种不同文化元素进行文创产品设计之前,我们还需要清楚文化的概念。"观乎人文以化成天下",这句话出自《周易》,意思是在不同的时代凝聚价值观,融化人心,化育行为。"观乎人文以化成天下"强调的是文而化之,"文化"一词由此而来。

国学大师梁漱溟给文化的定义是：所谓文化，不过是一个民族生活的种种方面。文化可以总结为三个方面：精神生活方面，如宗教、哲学、艺术等；社会生活方面，如社会组织、伦理习惯、政治制度、经济关系等；物质生活方面，如饮食起居等。

关于文化的解释非常多，想要解释清楚文化，从 200 多种对文化的解读中找到准确的答案十分困难，就像徒手抓空气。在本书中我们这样去理解文化：文化是一种成为习惯的精神价值和生活方式，它的最终成果是集体人格。

所以说，文化的内容遍布我们的日常生活中，而文创产品就是让消费者在日常用品的使用过程中感受文化，感受不同的文化内容、文化元素。

## （二）文化分类

文化的类别非常多，按照不同分类标准有不同的结果。

### 1. 第一种分类方法：分为雅文化与俗文化

澄心堂纸作为中国古代的一种极为珍贵的宣纸产品，其制作工艺十分讲究。南唐后主李煜亲自监制的澄心堂纸是宣纸中的珍品，它"肤如卵膜，坚洁如玉，细薄光润，冠于一时"，从南唐到北宋，一直被公认为是最好的纸。用来进行书画创作的澄心堂纸，无疑代表了一种雅文化。

当宣纸作为剪纸的载体变为红色之后，其制造工艺也变得没那么复杂，并变得非常民俗化，成为人们生活中的文化，即俗文化。逢年过节少不了用它来剪窗花，婚庆嫁娶的时候需要用它来剪喜字。

### 2. 第二种分类方法：分为物质文化和非物质文化

根据联合国《保护世界文化和自然遗产公约》中对物质文化遗产的界定，属于下列各类内容之一者，可列为文化遗产。

第一，文物。从历史、艺术或科学角度看，具有突出、普遍价值的建筑物、雕刻和绘画，具有考古意义的成分或结构、铭文、洞穴、住区及各类文物的综合体。

第二，建筑群。从历史、艺术或科学角度看，因其建筑的形式、同一性及其在景观中的地位，具有突出、普遍价值的单独或相互联系的建筑群。

第三，遗址。从历史、美学、人种学或人类学角度看，具有突出、普遍价值的人造工程或人与自然的共同杰作及考古遗址地带。

在古建筑群中，最为人所熟知的就是北京故宫，它是中国明清两代的皇家宫殿，旧称"紫禁城"，位于北京中轴线的中心，是中国古代宫廷建筑之精华。还有享有"甲江南"之称的苏州古典园林，其历史可上溯至公元前 6 世纪春秋时期吴王的园囿。苏州古典园林数量众多，清末时城内外有 170 多处，是中国江南园林的典范。这两者都属于建筑群，亦属于物质文化。

而在中国历史上，激动人心的人造工程也为数不少，不只有用于军事防御的长城，还有都江堰等，都是非常重要的工程，也是物质文化。在秦始皇下令修长城的数十年前，四川平原上就已经完成了一个了不起的工程——都江堰。其以年代久远、无坝引水为特征，成为世界水利文化的鼻祖。在战国时期，居住在岷江沿岸的人们每年都受到洪水的困扰，都江堰完成后，洪水不再发生，灌溉系统使四川成为中国最具生产力的农业区。它的规模从表面上看远不如长城宏大，却造福当地百姓千年的时间。

根据《中华人民共和国非物质文化遗产法》规定：非物质文化遗产是指各族人民世代相传并视为其文化遗产组成部分的各种传统文化表现形式，及与传统文化表现形式相关的实物和场所。包括：

（1）传统口头文学及作为其载体的语言；

（2）传统美术、书法、音乐、舞蹈、戏剧、曲艺和杂技；

（3）传统技艺、医药和历法；

（4）传统礼仪、节庆等民俗；

（5）传统体育和游艺；

（6）其他非物质文化遗产。

以上述内容为标准，中国的神话故事、书法、甲骨文、昆曲、二十四节气、各地不同的民俗都属于非物质文化。

3. 第三种分类方法：分为器物文化、行为文化和观念文化

所谓器物文化，是指物质层面的文化，是人们在物质生活资料的生产过程中所创造的文化内容，包括衣食住行等方面。如汉民族传统服饰（后文简称汉服），有着 3000 多年历史的中国传统拨弦乐器——古琴。

所谓行为文化，是指制度层面的文化，它反映在人与人之间的各种社会关系，及人的生活方式上，如传统节日中的各种习俗：过年守岁、贴春联；端午节挂菖蒲、吃粽子；中秋节赏月、吃月饼等。

观念文化则是指精神层面的文化，以价值观或者文化价值体系为中心，包括理论观念、文化理想、文学艺术、伦理道德等。

4. 第四种分类方法：分为饮食文化、服饰文化、建筑文化、地域文化等

（1）饮食文化

中华饮食文化博大精深、源远流长，极具特点。

首先，风味多样。我国一直就有"南米北面"的说法，口味上有"东酸西辣，南甜北咸"之分，主要包括巴蜀、齐鲁、淮扬、粤闽四大风味。

有着"民以食为天"观念的中国人，几乎每逢佳节便会展开一场南北食物派系之争，端午争论应吃咸粽还是甜粽，肉粽还是豆花粽。到了中秋吃月饼，不但讨论吃咸还是吃甜，还要讨论五仁叉烧和白莲蛋黄哪个才是月饼之王，甚至连吃月饼的方式也有差异，南方人吃月饼喜欢切开用叉子吃，而北方人却觉得这样太做作，不如整个拿着吃，这从另外一个方面印证了中国饮食文化多样性的特点。

其次，不时不食。中国人善于根据时节变化搭配食物，也就是所谓的时令菜，这些菜默默提醒着人们与万物平衡相处的安身立命之道。

除此之外，中国饮食文化还讲究食材与食具的搭配及和谐，还喜欢给食物取一些别致的名字，例如"赛凤尾""蚂蚁上树""狮子头""叫花鸡"等。

中国人表面上讲究吃，但是更注重的是蕴含在形式之下的认识事物、理解事物的哲理。比如婴儿百日时要赠送亲朋好友红蛋表示祝福，"蛋"表示生命的延续。

（2）服饰文化

衣、食、住、行是日常生活中最重要的四件事，衣排在首位，而最能代表中国传统服饰文化的就是汉服。中国有礼仪之大，故称夏；有服章之美，谓之华。我们所说的"华夏"就有这样一层含义，所以汉服也称为"华服"，大体是"上衣下裳"的形式。之所以这样，主要是由华夏民族的农耕民族属性决定的，农民在地里干活干累了，就可以很方便地把上面的衣服脱下来，这也是农耕民族与游牧民族的差别之一。当然，随着社会的发展，上下连体的汉服也出现了，然而对于普通农民来说，服饰还是以"上衣下裳"的形式为主。

除了形式上的特点，汉服上的纹样也直接反映了人们的思想观念。不同的时代、形式和纹样共同形成了特定时代的中国传统服饰文化。

（3）建筑文化

中国传统建筑反映了中华民族的居住方式，有着自己独特的体系和特点，与西方建筑和伊斯兰建筑并列称为世界三大建筑体系。

中国最早的史前建筑诞生在距今约 1 万年前的旧、新石器时代之交，在原始农业出现之际，因为有了定居的要求而出现。在之后漫长的发展历史过程中，中国传统文化中"天人合一"的思想对其产生了重要影响。

（4）地域文化

无论是月饼的南北之争，或是苏州园林和徽州古村落的对比，都与中国传统文化中的一个重要分类有关，那就是地域文化。地域文化是文化在一定的地域环境中与环境相融合后形成的一种独特的文化。

文化中最具有代表性的便是方言，方言是一方水土所创造的语言文化，所以通过方言可以了解不同的地域文化和民俗现象。

中国传统文化的内容如此丰富多彩，为我们提供了大量的文化元素进行创意设计。同时只有不断地提升设计者自身的文化修养才能精确地解读它们，以准确的方式、恰当的载体进行表达和传达。

## 三、文创产品的核心是创意

同样是以故宫文化内容中的元素设计的产品，十多年前为何没能吸引消费者，如今却深受年轻人的喜爱，真正成为传达故宫文化的有效载体？为什么现在不单单是年轻人，几乎男女老少都这么喜欢故宫博物院的文创产品？

因为创意！故宫文创真正地把创意融进了文创产品之中，而不仅仅是复制。故宫博物院有约 180 万件（套）文物藏品，包含着大量的历史信息，都是工匠精神的体现，同时也是故宫文创的创意来源。故宫的文化元素触手可及，但是如果没有好的创意，或者说对文化进行的重构和再造没能以一个好的想法、好的形式呈现，设计便失了新意和吸引力。

## （一）创意的定义

创意究竟是什么？创意是对传统的叛逆，是打破常规的哲学，是破旧立新，是思维碰撞后得出的创造性想法，是不同于寻常的解决方法。我们常会说"怎么都想不出一个创意"。创意的方法是否有迹可循？虽然创意不能按部就班地按照特定流程得出，但是可以从产品本身的属性方面着手，比如手感、颜色、使用方式等。要常常拿在手上的东西很讲究手感，比如与饮食相关的器皿等。中国的传统色彩光听名字就可以感受其内在的风雅，古人的创意令人赞叹。除此之外，层出不穷的新技术和传统文化经过碰撞后非常容易产生好的点子。

再来看一下故宫文创产品，你可以发现其中很多好的产品都是解决了人们的痛点，大部分产品也都是日常用品。作为文创产品终究还是需要更多地研究人们的生活，研究人们生活的习惯，研究人们在生活中需要什么样的产品，研究文创产品如何能被大众消费者接受。文化与功能的巧妙结合是最佳的创意方案之一，可以潜移默化地将传统文化融入人们的日常生活。

## （二）创意的意义

创意作为实现文化价值和产品价值的主导力量，其最大的意义在于对文化的转化。它将物质文化与非物质文化中的文化，或者是其他分类方式中不为人了解的文化以有趣的、消费者能够欣然接受的方式进行传达，使传统文化得到传承。不可否认的是，好的创意可以让文化传递，让传承的效率最大化，而差强人意的创意对于传统文化的准确传达则值得商榷。

按照创意对于文化的转化和传达的水平可以将文创产品分为三个层次。

第一个层次：创意含量几乎为零的贴图法。这种方法通常是将原有的文化元素直接以图案、图形的形式附加在产品上。

第二个层次：符号能指的转化和延展，或将特色文化内涵外化。了解这一内容之前，我们先要了解"能指"与"所指"这对概念。符号是能指和所指的结合，所谓的能指就是表示者，所指就是被表示者。以巧克力为例，巧克力的形象是能指，爱情是其所指，两者结合就构成了表达爱情的巧克力符号。

在中国传统文化中，梅、兰、竹、菊等植物能代表一定的精神品质，古人所说的"宁可食无肉，不可居无竹"，也不是说竹子这种植物本身有多美，人们所喜爱的是竹的内涵，想要表达的是对竹子精神的喜爱，即自强不息、顶天立地的精神。所以当一些文创载体与特定文化符号巧妙地结合之后，其层次比贴图法的文创产品的立意高出许多。

在众多文创商店中，我们经常能看见第一种层次的杯子，即在各种造型的杯身上绘制各种原汁原味的传统图案和图形。同样是杯子，前文说到的苏州博物馆的衡山杯便不是简单的图形的加载，杯底用衡山印章作为底款，有了所指，手起杯落间犹如在使用文徵明的衡山印章，让蕴含其内的文化得到了行为上的外化。

第三个层次：用一句话概括为"只可意会，不可言传"。此类文创产品在于对意境的表达，将传统文化的意蕴、思想、观念等以无形的方式融入产品载体。在众多的文创产品中，有一类文创产品被称作"禅意文创"，与其关联的产品主要是抄经、茶道、香道。

文创产品是创意作用的对象，创意也是文创产品的核心，文化以某一创意方式或形式加载于产品之中，与其融合为一体，成为具有特定文化内容的文创产品。当然，也要考虑市场因素、消费心理、需求趋势等方面的问题，只有这样才能保证特定文创产品能够满足细分市场的需求，实现经济效益最大化。

# 第二节　文化创意产品设计理论

文化创意产品设计不仅包括产品的内涵、功能、材料、造型、制造工艺等，还包括相关的社会、经济及消费者与设计者生理、心理等方面的因素。文化创意产品设计以人的需求为出发点。随着科学技术的发展，大众的审美意识和生活、文化观不断变化，信息传播的方式日益丰富，现代的消费者也以更加包容和开放的心态看待和接纳各种文化、各种风格的文化创意产品设计。

## 一、现代文化创意产品发展背景

随着社会经济的发展、科技的进步，世界文化艺术交流日益频繁，人们开始追求设计的多元化发展，在设计中不仅考虑实用性，而且会从多个角度去考虑其意义和价值。为了满足当代文化创意产品设计多元化需求，可以从以下几个方面来探讨文化创意产品设计多元化实现的可能性。

### （一）科学技术的进步丰富了设计的手段

现代社会正处在科学技术不断创造更新的迅猛发展时期，新技术的开发和利用及层出不穷的新型材料让文化创意产品设计的选择范围越来越广，打破了设计的局限，提高了设计产品实现的可能性，为文化创意产品设计提供了多元化的载体，转变了生产方式和手段，推动文化创意产业的发展和繁荣。

### （二）经济的发展提供了物质保障

文化创意产品设计的生产、销售和市场需求与经济发展息息相关，当前全球经济与市场广泛开放、交流，形成了一个世界性的市场。作为非生活必需品，文化创意产品受到经济水平的制约，经济繁荣时期，消费者需求大；反之，则减少。经济繁荣时期，文化创意产品的需求增加，经济为文创产业的发展提供物质保障，经济也因为文创产业的发展而发展。

### （三）信息的交流促进了文化交流

在信息快速交流的今天，各国文化之间的交流与融合更加密切。文化的碰撞、价值观念的差异性都给文化创意产品设计提供了不同的文化资源，信息的全球共享及获取的便利性也为设计师设计文创产品提供了便利，同时消费者也能更多更广地了解全球的文化动向和不同地区的文化创意产品。

## 二、不同类型的文化创意产品设计

不同的时期，不同地区会形成不同的文化，每一种文化都具有其他文化所没有的优势，其风俗习惯、物质基础、文化心理等受环境影响产生不同，从而塑造了不同的价值观、思维方式。文化相互交流、取长补短，在借鉴彼此优势、共同发展的过程中不断创新。对于不同类型的文化创意产品设计可以分为以下三种：

### （一）博物馆文化创意产品设计

博物馆的社会教育与娱乐功能是文化传承与传播的重要途径。博物馆依据收藏、展示物品的不同，可以分为历史类博物馆、美术类博物馆、自然与科学类博物馆、地域民俗风情类博物馆及综合类博物馆等。多元化的文物资源成就了博物馆文化创意产品的特色。博物馆文化创意产品不仅有商品属性，而且具有传达馆藏品的象征意义、美学价值的高附加值，它可以传递文化的情境或感触，加深参观者的感受。

### （二）旅游文化创意产品设计

在快速发展的信息时代，人们的民族意识和对民族文化的认同感逐渐增强，因而通过开发和应用地域文化来设计旅游文化创意产品，可以提高地域文化的存在价值。当前各国都致力于把本国特色展现在广大消费者面前，旅游文化创意产品将地域性民俗文化元素与实用性、创新性结合，不仅能够突出传统文化的价值，推广传统民族特色的文化，也能够使消费者产生情感共鸣，让更多的人认识它。比如，南京"总统府"的文化创意产品，有以"总统府"的大门为元素设计的文化衫，有以"总统府"前士兵形象为元素的 Q 版人物的书签，还有纪念徽章等等。创意产品设计应用元素比较单一和直接。

### （三）校园文化创意产品设计

校园文化是学校所具有的精神环境和文化气氛。以学校的人文特色为素材，以承载学校历史文化底蕴而开发的校园文化创意产品，是学校品牌开发、突出自身优势、提升自身影响并创造一定经济潜能的重要手段。校园文化创意产品在很大程度上承担了重塑校园记忆的功能。

## 三、多种多样的文化创意产品设计表现手法

在全球化的今天，人类进入了信息时代，文化和艺术的交流日益频繁，文化的多样性更为明显，文化创意产品的设计表现手法也多种多样，打破了固定的思维模式和地域间的限制。当代的设计经常采用折中的手法，将各种文化元素融入，通过设计将各种文化带入人们的日常生活。新一代的消费群体对文化创意产品提出了多元化的需求，促使设计师们设计时运用多种表现手法，使产品丰富多彩。同时不断借鉴不同地域、不同历史时期的文化与艺术风格，与当代审美情趣相结合，创造出更多的表现形式，也形成独特风格的设计产品。

### （一）文化创意产品外观设计的多样性

文化创意产品要吸引消费者，使消费者产生购买冲动。首先要设计出独特的外观，文化创意产品的外观设计需要符合广大消费者健康的审美和爱好，具有普遍的、多元的价值取向。在

造型方面,不同时代不同消费群体在审美上千差万别,于是设计的造型也就呈现了多样性的状态。

## (二)文化创意产品使用材料的多种性

使用不同的材料可以表现出产品的不同档次,因此对设计产品材料的重视程度并不低于对设计本身的要求。随着科学技术进步带来的材料创新,设计师在材料方面有着更多选择,可将各种材料混合、交错使用,同时也拓宽了设计师的思维。

## (三)文化创意产品功能的多元性

文化创意产品的设计不仅仅为了美观而设计,实用性也是文化创意产品设计中要考虑的基本因素。当代的文化创意产品使用功能也越来越多元化,如钱包、手提包、披肩等实用性强的生活类文化创意产品越来越成为主要的设计载体。

## (四)文化创意产品工艺种类多重性

手工精致类文化创意产品的设计带有浓厚的文化、地域差异。设计为了适应当地的自然环境及本土的人文地理,所使用的原料、蕴含的设计元素自然也是不同的,如苏州工艺美术馆的各类手工商品,价值不菲。这类手工化的文化创意产品虽然价格比较高,但能起到保护和传承地方传统手工技艺,让文化创意产品更加多元化和精致化的作用。

工业化的文化创意产品的设计具有生产效率高、生产规模大的特点,这种机械化大批量生产出来的文化创意产品,价格低廉,贴近大部分消费者的购买心理,对于文化的大面积推广起到了很好的作用。这类文化创意产品包括出版类书籍、宣传画册、导视手册、光盘等,可以直接详细地向参观者深入介绍博物馆的主题展览和藏品,更方便参观者与亲朋好友分享体验,如故宫博物院旗舰店出版售卖的一些与故宫相关的书籍。

随着消费力和生活品质的提升,人们更加愿意将文化创意产品"带回家"。这类文化创意产品设计通常会选取最具代表性或最有特色的文化元素进行开发,灵活运用文化元素,将文化内涵转化为具有实用功能的产品,种类和形式多样,且美观有创意,能给予消费者不同的体验。文化创意衍生运用类产品大致分为三类:(1)生活用品类,包括杯子、杯垫、餐具、钱包等;(2)文具用品类,包括笔、笔记本、资料夹、书签等;(3)服饰用品类,包括T恤、领带、丝巾、收纳袋等。

高科技化仿真类文化创意产品的设计主要是满足收藏和鉴赏的需求,分为两种,第一种是价格高的高仿复制品,在使用的材料和手法上,高度还原传统文物,以高端的消费者为主,价格较高,生产数量少,附有证明书等以保证其真实性和珍贵性,具有收藏价值。第二种是价格较低的复制品,可以大量制造,采用不同材质进行复制,虽然不可避免地丧失了原有藏品的美感和艺术性,但考虑到市场及实用性,能够适合大部分人的消费水平。

## 四、当前文化创意产品的发展趋势

### （一）文化创意产品的主题系列化

有创意、有文化性的系列文化创意产品在开发设计过程中，一个主题产品的系列化开发有着绝对优势。文化元素被运用到不同产品的造型、色彩、材质、结构等设计手法中，加大了消费者对文化元素的注意，有利于推广。系列化的文化创意产品设计开发具有明确的主题，可以根据消费者的需要开发出完备的产品。

### （二）文化创意产品的环保化

增强文化创意产品设计的延续性的价值在不断地变化，当代的设计发展方向应该是在满足人们生活需要的同时，体现积极的、健康的、不以破坏生态和环境的要求。我们在设计产品时必须考虑前期使用到后期销毁对人们生存环境的影响。

### （三）文化创意产品的个性化

文化创意产品的生产经营者为了区别于其他类似的文化创意产品，除在设计上展示创意以外，在文化创意产品上、包装上、宣传广告中会使用特定标识，突出文化创意产品特有的文化，具有品牌效应。

### （四）文化创意产品的多元融合化

当代多元化的文化创意产品设计有着发展的大好机遇，文化创意产品设计向大众提供文化、艺术、心理等产品，形成完整的产业链，属于第三产业类型，具有高知识性、高附加值与低耗能、低污染等特征。未来的发展应当加快文化产业与其他产业跨界融合发展的进程，建立专业性的组织完成各类资源的支持与互助，提升创新和服务品质，增加附加值、塑造品牌，推动文化创新体系形成完整稳定的产业链。

世界是多元的，世界上的万事万物都有自己的特点，多元化是事物发展的基本样态。不同性质、特点和背景的价值观与思维方式会产生冲突，文化创意产品设计就是在这种多元化的背景下交流、冲突、融合，不断发展。在全球文化产业、创意经济不断发展的大环境下，文化创意产品通过发掘自身文化资源，利用设计对文化进行创新，与创意产业、产品设计不断相互融合，传播文化。

本书通过对文化创意产品的现状进行分析和探讨，对文化创意产品的设计案例进行分析研究，得出现阶段文化创意产品的多元化特点。目前我国文化创意产品的设计和开发还处于探索阶段，在今后的文化创意产品设计发展中，新兴的多媒体设计与文化创意产品会更加紧密地结合，创造出更加多元化的产品，并会对文化创意产品的消费人群进一步细化。同时会加大建立文化创意产品设计的交流平台，有效地引导文化创意产品的设计、生产与推广。

## 五、基于中国传统文化的创意产品设计

### （一）目前与传统文化相关的文创产品设计存在的问题

随着我国文化创意产业的不断发展，文创产品的市场从一片空白到今日连政府都高度重视和大力扶持，并且有越来越多的高等院校和个人都踊跃参与，总体而言，文创产品是朝着良性的发展方向前进的。但是，一些严重影响文创产品发展的问题仍然存在，并且越发明显。

#### 1. 文化元素的使用过于死板

中国是世界上唯一一个屹立不倒的文明古国，具有博大精深、源远流长的优秀传统文化，这是文创产品极为重要的资源。设计即创造，需要不断吸收、消化外部一切的灵感来源，将之实现。但部分设计师在文创产品设计上明显缺乏思维的灵活性，对传统文化的理解、分析十分片面，仅仅是单一地在形式上重复传统文化中的元素。融入产品后既表现不出设计师对传统文化的理解认识，也没有体现出独到的民族特色，产品太过单一乏味，给人一种由多种杂乱元素"堆砌"而成的荒诞之感，只能沦为工艺产品中的低端廉价产品。这样对质量、文化内涵、民族特色都毫无追求的产品，不仅不能促进文创产品市场的进步，反而会在一定程度上影响消费者对文创产品的理解，对文化创意产品的发展极为不利。

#### 2. 传统文化产品设计缺乏延展性

文化创意是将产品的附加价值提升的有效途径，而设计风格的延展性、可持续性则是产品品牌价值的重要保证。产品的良好发展需要在设计风格上统一，统一的设计风格将是产品品牌的一个重要标签，更便于向大众传递企业的产品信息，在长期发展中树立一个明确的企业产品形象，让广大消费者对产品形成信任，对企业的经济发展有良好的作用。但是由于时代的快速发展，多数企业为了能在短期内尽可能多地博得消费者的眼球，一般大量生产短期、快速的文创产品，虽然在短期内能风靡一时，但是缺乏品牌延续性的文创产品在热度过后很快就会失去价值，失去传统文化本身源远流长的特点，不利于企业的发展和文创市场的稳定。

### （二）传统文化相关的文创产品设计原则

#### 1. 功能性原则

功能性是产品设计的基本原则，一件功能性不强的产品纵然设计再巧妙也难登大雅之堂。产品自身具备的可靠性能是任何产品都需要最优先考虑的内容。其中所包含的安全性、稳定性及对人的适应性都是必要的考虑点。一件优秀的文创产品不仅要能满足人们的精神层次需求，更要在实用性上有所体现。而考虑到传统文化的独特性，产品的选取方向也应更加贴近生活，如生活用品、衣物、餐具、家具等。传统文化本就是存在于民间而一代一代传承下来的精神寄托，所以产品也应更好地融入老百姓的生活才能在本质上体现出文创产品的价值，所谓"艺术源于生活而高于生活"便是如此。

## 2. 文化性原则

文化是文创产品的灵魂，也是消费者在一般产品和文创产品之间选取时影响主观购买欲望的重要因素。一件优秀的文创产品应在文化上引起消费者的共鸣，在传递信息的同时能唤醒广大消费者对传统文化的认识。文化性原则是文创产品所要遵循的基本原则。

## 3. 审美性原则

在文创产品设计之初，审美因素就是设计师所要考虑的重要一环，在功能性相差无几时，让消费者选择该产品的一个重要因素就是审美性原则。要严格遵循审美性原则，在设计中充分考虑当下的大众审美，在满足产品功能性的基础上最大限度地满足消费者的审美需求，生产出使大众都乐于接受的产品，从而增加产品的关注度，提升企业的口碑。

## 4. 创新性原则

时代的快速发展给人们带来好处的同时，也意味着各方面的更新变化都在加快。而文创产品这样基于文化而生产的产品更是极容易跟不上时代的脚步，所以设计师应时刻保持灵敏的"嗅觉"，时刻注意社会审美需求的变化，及产品功能性的完善和修改，最大限度地及时满足消费者的需求，为文化创意产业提供更优秀的载体。

## 5. 情感性原则

消费者的感性心理也是文创产品应注意的十分重要的关键点。在消费者购买力和生活需求不断提升的现在，大众的感性心理也越来越受到重视，一件可以引起消费者共鸣的文创产品，显而易见更能融入市场，在为企业带来收益的同时，传递文化信息的效果也更加明显；消费者得到情感体验的同时对传统文化认识的唤醒效果也更加显著。

# 六、基于中国传统文化的文创产品设计的思路探索

## （一）传统文化元素的合理运用

传统文化是一个民族的文化特质，是一个民族普遍认知且独特存在的标识，传统文化作为元素融入文创产品，不但有利于文创产品的创新、中国传统文化的延续，而且能在精神上加强人民的民族自豪感，是十分良性的拓展因素。因此，在文创产品中，加入我国传统文化元素是文创产品发展的必然方向，也是必不可少的一项，也是在新时代下继续传承我国优良传统文化的重要途径。但是，文创产品的文化传承并非一味地复制、重复过去的历史，而是应该在传统文化中取其精华，将其整合拓展，使其成为一个独特的元素符号，代表着文化的同时，也向其中加入新时代下设计师对文化的新一层次理解，不但能反映出我国人民的精神特点，而且有利于人们思想的进步，而非沉浸于过去停滞不前，对文化的发展是十分有利的。善用地域文化也是十分重要的一点，在同一设计风格下灵活地将各地域传统文化的元素变换融合，所产生的实际效果也绝非"一加一大于二"那么简单。

## （二）传统文化的抽象意境融合

中国的哲学思想一直都是世界上影响力最大的思想，世界四大文化圣人便有一位是中国人。"无极""天人合一"等都是我国极具代表性的抽象哲学的典型代表，也是传统文化意象的杰出体现，更是在设计上历来加以采用的精华。设计师将这些带有丰富的抽象哲学的文化元素加入产品中，可以创造出更具民族特色的文创产品，与此同时，善用这些哲学元素，将使产品本身就带上哲学的气息，使其文化的附加价值更胜一筹。而这些自古就深入我国民众心中的哲学思想，也能使消费者更加容易接受文化产品所传递的信息。

## （三）注重生活实际体验，将传统文化情感融入设计之中

艺术源于生活而高于生活，设计的本质来源于生活，因此也一定要融入生活，不能跟生活接轨的设计其价值很难得到体现。而设计的灵感多数来源于生活中的每一处细节，如同牛顿因一个苹果而发现万有引力那样，设计的灵感也往往都源自某个不经意的细节。要保证思维的与时俱进，结合大众当下的心理状况、审美需求，设计出更多带有传统文化气息的文创产品，将设计师的情感融入产品之中，尽可能多地使广大消费者产生共鸣。越是源自细节的设计，越容易走进消费者的内心，越能受到消费者的青睐。

社会的发展是必然的，文创产品也要时刻紧跟社会前进的脚步，不断创新设计理念，转变设计方法，更多地将传统文化融会贯通，结合大众的行为特点、审美需求及功能需求，设计出更多带有鲜明民族特色的文创产品，满足大众生活需求的同时也最大限度地满足大众的精神层次的需求，促进中国传统文化的传承与发展。

# 第三节　文化创意产品的特征与方法

## 一、文化创意产品的特征

### （一）独特性与超越性

文化创意产品由于其本质的追求是"破旧立新"，其属于创造性的产出，独特性和超越性是文化创意产品追求的重要品质。

### （二）教育性与公益性

文化创意产品具有双重属性，即商品属性和精神属性，同时也就决定了文化创意产品在创作和生产过程中必须追求经济效益与社会效益的统一。面对市场，不得不追求经济效益，但作为文化产品又需要发挥文化对社会的服务作用，必须提供积极的精神导向，创造良好的社会效益。设计师要善于通过提炼文化元素并以符合年轻人审美的表现形式重组文化藏品，以新颖、独特的呈现来开启年轻人对于历史与文物的兴趣。文化创意产品既是消费品也是文化教育的载体，拓宽了对大众教育的方式方法。

### （三）民族性

一个民族生活方式和风格的特质，能够在他们所生产的各种文化商品总体中体现出来。每个民族都有他们自己特殊的历史，因此每一种生活方式都是独特的。各国的文化创意者都在试图提炼和创造代表本国的创意文化，以吸引其他国家人群的认同，达到价值观渗透和经济获利的目的。在此背景下，文化创意产品被赋予了强烈的民族性来呼唤新一代人群对本国文化的认同感和归属感。

### （四）系列性与延续性

不同于一般文化产品通常以个体形式出现，文化创意产品则大多以某主题为表现内涵并以群体或系列的形式出现在大众视野。这种呈现方式主要是因为当代文化创意产品的设计大多依附于某一地域性特色主题（如北京故宫等）或某一娱乐时尚 IP（如迪士尼等）进行开发设计。由于被开发的文化主体本身体量庞大，文化因子繁多，无法对其中的某一内容进行单独呈现。另外，因为文化创意产品的核心是创意，而创意具有时效性，消费者的兴趣很难得以长时间保存。为了能够使文化创意产品得以利益最大化，就要求文化创意产品通过不断在同一主题上创造新产品留住消费者的关注度和增强消费者的记忆点。因此进行文化创意产品开发必须要有对未来的考虑，缺乏前瞻性和延续性的文化创意产品开发是没有生命力的。

## 二、文化创意产品设计方法

内涵丰富的文化产品可使人在消费的同时提升对本民族文化的认识。民族文化创意产品作为文化创意产业的形态表现和文化衍生产品，对民族文化的继承与发展可起到促进作用，为民族地区社会、经济、文化的和谐发展提供新思路。

### （一）民族文化创意产品的特点

第一，特有性。民族文化创意产品能够把各民族特有的风土人情、文化艺术形态等表现出来，通过产品的形式加以体现，具有民族特有性。

第二，传播性。民族文化创意产品是具有流通性的，在流通的过程可以把民族文化及其精神内涵传播出去，民族文化创意产品变成了民族文化呈现和流通的载体，使民族文化和民族精神可以得到有效传播。

第三，带动性。优秀的民族文化创意产品会产生非常高的关注度，通过以点带面，会给区域带来一定的关注度。这些关注度往往会产生积极的影响，带动地区相关制造业、文化产业等共同发展，从而带动地区经济，提升社会影响力，体现出良好的带动性。

第四，传承性。民族文化创意产品具有一个非常重要的属性就是传承性，它是民族文化传承的具象表现，也是民族文化活态传承的具体表现，能够为民族物质和非物质文化遗产的传承带来新的思路和新的路径。

### （二）影响民族文化创意产品发展的主要因素

#### 1. 经济价值层面

影响民族文化创意产品需求量的重要因素之一就是经济价值。随着中国多年来的经济发展，文化创意产业也得到了快速发展。民族文化创意产品是地区的文化载体，多样性的民族特色文化产品更能吸引消费者的目光，其经济价值不可估量。民族文化创意产品带有浓郁的地域文化和民族韵味，溯本求源，一定会提升大众对民族文化的认可，快速提升民族文化的经济价值。

#### 2. 社会价值层面

民族文化创意产品能够提升大众对民族文化的认知水平，起到宣传教育的积极作用，增强社会大众对民族文化的认同感，提升地区社会大众的凝聚力。主要原因是民族创意文化产品蕴含艺术性，艺术来源于生活，它体现了区域民族文化的精神内涵，能够很好地宣传民族文化精神与灵魂。民族文化创意产品的流通和销售，还能起到宣传教育的积极作用，很好地体现社会价值。

#### 3. 文化价值层面

民族文化创意产品具有非常高的艺术价值和美学价值，它在创作过程中往往提炼并吸收了民族绘画、民族服装、民族文字及民族宗教等民族文化元素和文化内涵。它不仅仅是一种物质形式上的表现，还具有非常高的文化价值，是民族文化推广的重要载体。

### 4. 历史价值层面

民族历史文化需要传承，民族文化创意产品是文化传承的活态表现。民族文化在历史演变历程中沉淀了许多精髓，它们有不同的表现形式，包括特色建筑和风俗习惯等，都是人们对历史传承的表达，是对各个时期经济、文化、社会等方面进行深入考察研究的载体，也是特定地区历史发展的见证。而民族文化创意产品将这些民族历史文化通过活态传承的方式保存下来。

### 5. 情感价值层面

历史在变化，时代在改变，人们的需求也在发生改变，虽然过去的一些产品慢慢从市场上消失，但是还会保留在人们的记忆中。民族文化创意产品就是要去挖掘民族文化精髓和情感记忆中的美好故事，不仅要体现它的实用功能，而且要满足大众的情感需求和审美要求，传递民族特色的文化情感。

## （三）民族文化创意产品设计的构成因素

### 1. 产品功能

产品的功能是产品得以存在的价值基础，是满足人们需求的基本要求。每一件产品都有不同的功能，人们在使用产品的过程中可以获得需求满足。设计师一定要看到人们长远的社会需求，这样设计出来的产品才会带来更大的经济效益和社会效益，这就是产品功能的实现。产品功能又划分为使用功能和审美功能（也可以称为精神需求功能），它利用产品的特有形态或者视觉外观来表达产品的价值取向及不同的美学特征，让使用者从内心情感上与产品产生共鸣从而满足使用者的精神需求，同时也体现出产品的实际使用价值。

### 2. 产品形态

产品形态，是指利用美学法则通过设计制造出满足顾客需求的外观和形态。除了要遵循美学法则，还要考虑到恰当运用材料，注意产品的结构、造型、色彩、加工工艺等，全面体现出产品的特性和最优的形态。因为产品是提供给人使用的，所以产品设计还要符合人体工学，满足人们生活工作的需要，最终通过合理化的物化形态体现出来。

### 3. 物质技术条件

物质技术条件包括材料、结构、设备、制造工艺和生产技术等重要内容。新材料的运用改进了产品结构，使工业产品更加实用。新的加工工艺的运用，能更好地体现材料的质感。产品的造型设计需要物质技术条件的支撑才能体现出时代的科技成果及时代美感，也才能体现出产品的艺术性、科学性、时代性和先进性。

## （四）民族文化创意产品设计的流程和方法

### 1. 提炼文化内涵

产品的文化内涵有两个显著要点，即传统造型元素应用和传统生活方式的继承。它包括物质生活方面和社会生活方面，及精神生活方面，其核心部分是传统观念。民族文化创意产品在吸收传统文化的精髓后，能够找到传统与现代结合的契合点，能够使传统文化融入现代的生活中，因此提炼产品的文化内涵，也是对民族文化活态传承的体现之一。

## 2. 明确设计理念

设计师在创作过程中一般要有明确的主导思想，确定产品的文化内涵、思想核心，赋予设计作品新的文化思想和独特的表现风格。好的设计理念能令作品更加个性化，是设计的精髓所在。设计师可以通过头脑风暴的方式去提炼设计理念，进行发散思维，联想一切文化元素，包括客户喜好、职业特征、文化层次等特点，再对头脑风暴得到的关键词进行整理筛选，选出有价值、有意义的创新点和创意点进行设计。

## 3. 思考设计载体

将设计理念或者创新点运用到合适的载体上，赋予产品内在的含义，是一个外现的过程。在人类发展过程中，人类对工具和材料的认知不断累积和发展，石材、木材、金属等材料都在人类发展史中起着关键作用。如今在科技发展和社会职能属性区分下，文化创意产品在类别上形成了以下几个大方向：文具用品、生活用品、电子产品、文娱产品。这些文化载体十分广泛，是活态传承的突破点，将设计理念或者创新点运用到合适的载体上，能让民族文化活态传承找到发展的合适平台。

## 4. 提炼实施设计

设计师要敢于创新和敢于尝试，通过创新提炼、完善细节、设计效果图、制作样品、投入生产等一系列程序完成产品的设计、生产。在这个过程中，设计的作品要有独特的构思，要采用市场化的视角，通过原形分解、打散再构、异形同构等设计手法进行创新，将抽象的民族文化资源提炼和概括成外形独特、色彩鲜明、工艺创新、设计风格迥异的产品，既满足大众多样化消费需求又避免陈规俗套。

民族文化需要活态传承，民族文化创意产品需要创新和发展。我国民族文化创意产品设计开发仍然存在诸多不足和缺陷，如对民族文化内涵了解不够深刻，加工工艺质量、科技含量不高，产品附加值较低。将民族文化活态传承与创意产业有效结合，深挖民族传统文化内涵，优化产业结构，以特色文化创意产品带动产业的发展，传承民族文化，创造经济价值，这是民族文化创意产品现阶段发展所要攻克的问题。

# 第二章 文化创意产品的类型及运营方向

## 第一节 文化创意产品类型与产业升级

## 一、文化创意产品的分类

### （一）文化创意产品的价值构成

文化创意产品的价值构成系统与一般商品有着很大的差异，文化创意产品的价值并不仅仅由社会必要劳动时间、个别劳动时间或由购买者的需求和支付能力、价值效用等显性要素来决定的，而是由隐性价值和显性价值共同决定的。

文化创意产品的显性价值与一般商品并无二致，其独特性在于体现"文化"的隐性价值，是文化创意产品价值中的核心部分。"文化"来源于特色的民族历史资源、人文底蕴和文化内容产业等，在文化创意产品的生产过程中，"文化"可以间接影响新产品的附加价值，所以，文化创意产品的隐性价值也是企业的核心竞争力。传统产业从改变商品的功能来为消费者提供更高的使用价值，从而获得高利润。文化创意产品则在满足消费者功能价值的基础上改变消费者的观念而获得利润。这些观念主要表现为信息价值、文化价值、体验价值等。

### （二）文化创意产品的分类及其内涵

文化创意产品在构思、生产制造、营销消费等方面都有自身的特征和规律，并且各个国家和地区有着自身经济生活的发展和人们需求的变化，因此，各国对文化创意产品的分类并不相同。在文化创意产业链上文化创意产品大致可分为以下三类：内容类文化创意产品、创意类文化创意产品和延伸类文化创意产品。

1. 内容类文化创意产品

内容类文化创意产品依据原创性、思想性、创新性的特点，包含了传统文化研究与创新、流行文化研究与创新、动画、电影、新闻出版，文艺演出等内容，这类文化创意产品作为内容产品存在，主要解决消费者需求的本质与核心内容，同时也成为创意类文化产品的创意源发点。

2. 创意类文化创意产品

创意类文化创意产品的主要特征是通过创意对文化进行转移，即通过具体设计创意将内容类文化产品或直接将传统文化及当代文化移植到产品中，消费者通过产品的拥有和使用获得对文化的消费体验，从而提升传统产品的附加值。

3. 延伸类文化创意产品

延伸类文化创意产品有非兼容性和非排他性的特征，这类产品包括商务服务、会展、文化设施等，能够提供体验文化的非物质性的过程和服务。这类文化创意产品解决消费者在满足其精神需要的过程中附带获得的利益和效用。

通过以上分析，本书所指的文化创意产品是最具设计艺术特征的文化创意产品。对于文化创意产品的理解可以分为三个层次：首先，它应该是一个产品，能够提供给市场销售，以供消费者消费及提供给消费者相关的体验。其次，该产品的形式，主要包括品质、式样、特征、商标及包装等，要符合消费者的审美需求，达到感观上的愉悦。再次，该产品能够提供一种"文化"属性，能够唤起一种记忆或是象征一种文化身份这种纯精神上的归属和认同。而在文化创意产品三个层次的内涵中最重要、最具标志性的内涵是产品的"文化"属性，也是文化创意产品区别于传统产品的本质内涵。

## 二、文化创意走向产业升级的战略选择

制造业是国民经济的基础产业，是支撑国家经济发展的脊柱，其发展状况能够在一定程度上反映出一个国家的经济实力和发展前景。中国是制造业大国，但在制造业发展中存在着技术工艺落后、资源能源消耗严重、产品粗糙低端等问题，不符合资源集约、绿色环保的发展趋势，不能充分满足消费升级的需求，迫切需要加快升级与转型的步伐。文化创意产业能够为制造业转型及升级提供新动能和新增量。

改革开放以来，中国制造业获得了迅猛发展，取得了显著成就，成为仅次于美国的制造业大国，是举世闻名的"世界工厂"。制造业作为我国国民经济发展的支柱产业，对我国的长远发展具有举足轻重的作用，但制造业总体水平依然较低，竞争优势正在减弱，潜在问题逐步凸显，升级改造迫在眉睫。

中国是世界闻名的制造业大国，凭借充足的劳动力和廉价的成本优势，中国制造在全球制造业中所占的比重不断上升，"MADE IN CHINA"的字样已经遍布世界各地，在各类产品上都可以看到，宣告着中国在制造业领域的傲人业绩。

### （一）中国制造业发展的主要特点

1. 对外贸易迅速发展，出口产品升级换代

中国是制造业大国，也是出口大国，改革开放，特别是加入世贸组织以来，中国的贸易出口额不断上升。可以说，"中国制造"正带领中国逐步走向世界前列。在这个过程中，中国在出口额增长的同时，产品结构也不断发生变化。中国从关注制造数量向提高制造质量转变，20世纪 90 年代以来，中国开始改变以初级产品为主导的模式，工业制成品比重逐步上升，成为对外贸易的主力军。进入 21 世纪后，初级产品比重进一步降低，工业制成品占据了绝对地位，且

高新技术产品比重大大增加。

## 2. 与互联网联系日益密切，服务化程度加深

当今社会互联网的应用已经渗透到各行各业之中，制造业也不例外。目前，互联网已经渗透到产品的研发、生产、运输、销售、售后等各个方面，特别是网络购物的迅猛发展，极大地促进了中国制造业营销方式的变革。互联网为中国制造业信息的采集和产品的传输提供了极大的便利。与此同时中国制造业正逐步走出简单的生产环节，更加注重客户的需求与感受，服务功能得以大大增强，力图改变一直处于价值链的底端、收益较低的局面。而现在制造业与服务业的界限逐渐模糊，制造业的服务性大大增强，中国制造业正努力将服务的理念深入每一个环节，以提升自身在价值链中的地位。

## 3. 科技含量较低，产品集中于中低端类型

中国制造业在起步阶段，主要凭借丰富的资源和廉价充足的劳动力获得了外商的青睐。外资企业为降低生产成本，获得价格优势，纷纷进入中国建厂，将中国作为其生产基地。外资企业在促进中国制造业迅速发展的同时，也导致我们的产品多集中于中低端，对外依赖性极强。各类产品的核心技术始终掌握在外国企业手中，它们对中国的科技投入极低，"外企是来赚钱的而不是送技术来的，我们常讲'以市场换技术'，结果却往往是市场丢了，技术也没拿到手"。近几年来，随着中国劳动力成本不断上升，加之金融危机的冲击，大量外资企业撤离中国，转向成本更低的印度、非洲等地，这使对外依赖性强的中国制造业受到了很大冲击。虽然近年来中国制造业的科研力量投入不断加大，但总体来看，仍然集中在低科技含量产品和山寨产品上，科技创新之路仍然艰难。

## 4. 产业转型进入"快车道"，小型企业发展迅速

我国已经意识到产业转型的必要性和紧迫性，逐步转变制造业的发展模式和增长方式。中国制造业在学习引进国外先进技术的同时，持续加大自主研发的投入，改变营销方式，向服务型制造业转变。服务理念的深化和科技力量的投入，表明中国制造业的转型正渐渐步入正轨。绿色制造业、智能制造业等逐步兴起，新型制造业得到长足发展。特别是近年来随着科技强国、创新驱动发展战略的实施，随着政府对大众创业、万众创新的鼓励与支持，逐步简政放权，中小微企业以其运营成本低、市场反应灵活、实现效益快等优势，显现出勃勃生机，正在成为推动中国制造业创新发展的有生力量。

## （二）文化创意与制造业的融合发展

推动中国制造业的转型升级，实现由"中国制造"到"中国创造"的转变，文化创意产业与制造业融合发展是一条重要的途径。

### 1. 融合发展的内在基础

"文化创意"一词现在多用于文化产业、文化创意产业的发展中，看似与制造业这样注重资源、能源和劳动力的产业没有关系，但实际上制造业与文化产业存在很多相似属性，并且在

很多环节上联系紧密。

一方面，传统的制造业虽然对文化创意的要求不高，但制造业的产业链中蕴含着丰富的文化创意因素。总体来看，制造业可以大致分为原料整合、设计研发、生产制造和售后服务四个主要环节。原料的选择对产品的质量至关重要，原料的品质反映了企业乃至整个国家的文化底蕴和精神追求，而且不同的材料本身就代表着不同的文化，比如同样的服装，丝绸材料显示出"贵族风"。而棉麻则表现出休闲的"田园范儿"。如何在五花八门的原料中选择最合适的一种，甚至寻找新原料都需要文化创意的加入。产品的设计和生产更加离不开文化创意。当今社会，交通和网络的便利使制造业的产品并不局限于某一地区或国家，而是遍及全球，而不同国家和地区的消费者的需求并不相同，为了最大限度地扩展市场，在制造中融入当地的文化因素十分必要。因此，必须在产品研发生产的过程中创造性地加入适用的文化要素，提高产品的接受度。此外，当今制造业在注重产品质量的同时也更加注重服务质量，制造业的服务性不断增强，这就要求企业在服务的过程中既体现自身的独特文化，又要不断创新服务方式和手段，尽量满足消费者的个性化需求。

另一方面，文化创意最终要落实在一定的产品或服务之中，制造业可以为文化创意提供广阔的用武之地。文化创意源于人本身的素养和灵感，最初没有实物形态的想法或者构思固然非常珍贵，但是无法产生价值，就如同空中楼阁、海市蜃楼。经过制造业这一载体，将创意固化为最终的实物，才能实现价值。

总之，制造业并非与文化创意毫无瓜葛，恰恰相反，文化创意与制造业的每一个环节都有融合对接的可能，都存在创造价值的空间。在中国制造业的转型中，文化创意的运用是一条值得深入探索的路径。

### 2. 融合发展的政策助力

推动文化创意与其他产业特别是制造业的融合发展，是我国产业政策的一个重要战略，这一战略随着时间的推移而日益清晰。

制造业与文化创意的融合发展正在向制造业的基础性、关键性、长期性领域迈进，向"工业文化"领域迈进。2017年1月伊始，国家工业和信息化部、财政部联合下发了《工业和信息化部、财政部关于推进工业文化发展的指导意见》，意见指出："大力发展工业文化，是提升中国工业综合竞争力的重要手段，是塑造中国工业新形象的战略选择，是推动中国制造向中国创造转变的有力支撑"，并提出了工业文化产业发展的六项重点工作，分别是"推动工业设计创新发展""促进工艺美术特色化和品牌化发展""推动工业遗产保护和利用""大力发展工业旅游""支持工业文化新业态发展"。通过工业与文化的融合，催生一批新技术、新工艺、新产品、新业态，打造一批工业创意园区和工业文化特色小镇。

### 3. 融合发展的价值意义

制造是国家实力的支柱，文化是民族精神的魂魄。制造业与文化创意的融合发展，是软硬实力的叠加裂变，是刚柔相济后的锤炼升华。制造业与文化创意的融合，既源于紧密的内部联系，也得益于良好的外部环境，是大势所趋，是兴业强国的战略选择。

在融合发展中提升制造业的价值含量，中国制造业目前面临的一个重要问题就是科技含量低，附加值低。要解决这一问题，文化创意的注入是一条有效途径。在基本技术同构，产品同质的背景下，通过向制造业价值链各环节嵌入创意要素，提升制造业的文化含量并实现产品差异化，进而优化产品结构和产业结构，获取更大的市场份额、更高的附加值和竞争力。如今，人们的物质生活已经得到极大的满足，人们将目光更多地放到精神生活上，消费者更加注重产品的精神价值、文化价值，也更加青睐带有文化创意的产品。因此，制造业与文化创意的融合必将大大增加制造业的价值含量，使中国制造业摆脱现在低附加值的困境，在融合发展中实现制造业与文化产业的可持续发展。中国制造业很大程度上依赖资源与能源，但在资源能源紧缺的今天，我们原本具有的比较优势正逐步消失，需要打造新的发展动力。文化创意的注入可以为制造业提供新的动力，带动制造业从资源和劳动力优势逐步走向创意优势、品牌优势和价值优势。同时，文化创意的开发必然意味着对人才的发掘和争夺，意味着需要不断培养和引进大批创意型人才，这必然会提升我国劳动力的整体素质，完善我国的人才队伍。此外，优秀的文化创意可以通过制造业迅速转化为具有高附加值的产品，这将成为我国制造业发展的新的驱动力，带动我国制造业进入绿色科学的发展阶段。

总之，文化创意与制造业的融合发展，有利于弘扬工匠精神，传承制造理念，提升创新意识和设计、制造、服务理念，有利于打造国家工业品牌、塑造国家工业形象，为中国从制造大国迈向制造强国提供价值引领和精神支撑。

# 第二节　互联网经济下的文创产品运营方向

## 一、创意产品

### （一）创意产品的概念

许多研究将创意产品等同于文化产品，或者将其视为和文化产品重叠性非常高的产品。创意产品与文化产品之间是"包含于"的关系，是文化产品中非公共产品属性的那一部分产品。本书认为，创意产品包含于文化产品，是文化产品的一个分支，是文化产品中富有创意性、时尚性、原创性和个性化的产品，是具有文化属性和审美属性，及使用价值的创新型产品。也就是说，创意产品比起文化产品，更加具象，更加具有特指性。需要注意的是，创意产品的概念不同于"产品创意"，后者是指新产品开发过程中的一个特定阶段。

联合国贸易和发展会议（UNCTAD）将贸易流通中的主要创意产品区分为创意商品和创意服务两大类。创意商品主要包括设计、表演艺术、视听商品、工艺品、视觉艺术、新媒体、出版物 7 大类和 25 个小类；创意服务主要包括个人文化和娱乐服务、广告服务、研发服务、市场调研与民意调查服务、建筑服务等类型。创意产品是目前世界贸易中最具活力的产品。

### （二）创意产品的特性

#### 1. 文化、技术和经济的融合特性

创意过程实际上就是用新的技术或工艺，将文化因素融入产品，带给消费者新的体验，从而实现产品经济价值的过程。文化是创意产品的内核要素，技术是创意产品的实现手段，经济效益是创意产品的开发导向，创意产品主要是指具有文化和审美属性，具有使用价值的创新型产品，消费者的体验过程是实现创意产品科技与文化融合的重要途径。创意产品具有新颖性、适宜性、有效性、可分辨性等特点，同时也具有风格化、符号价值和审美属性。对创意产品的主要评价方法包括同伴提名、创意活动和成果检查列表、同感评估技术（CAT）、创意产品语义量表（CPSS）等。全球化和数字技术的最新发展使"消费驱动"的经济形态已经形成，创意过程关注的重点应该从供给侧转向需求侧，重点关注消费者的需求结构变化。

#### 2. 功能价值与观念价值并存

创意产品的价值由功能价值和观念价值两个部分组成。功能价值由科技创造而成，是商品的物质基础；观念价值因创意渗透而生，是附加的文化观念。创意产品价值增值的过程是沿功能价值到观念价值的路径展开的，由于精神产品的价值与普通产品存在差异，创意型产品在生产可能性曲线、供给曲线和生产决策等方面具有特殊规律。对创意产品而言，文化要素的植入

和新科技的运用使其呈现特有的属性,其产品价值的实现路径与传统产品存在差异,其价值结构和价值开发具有特殊的路径。文化创意产品具备成为公共产品的必要条件,但外部约束条件会改变产品的实际经济性质,在不同外部约束条件下,文化创意产品分为公共产品型、公共资源型、私人产品型和私人垄断型四种类型。研究表明,文化创意产品的私人供给和公共供给在供给目标方面存在冲突。

3. 消费的体验性和"可传染性"

文化创意产品的定价和消费很大程度上取决于消费者对文化产品的感知度。创意产品的消费具有偏好的"传染性"。对世界范围内工艺品、视听、设计、音乐、新媒体、出版和视觉艺术七种文化创意产品的比较优势和产业内贸易状况的研究表明,增强创意产品的文化感知性和精神体验性是发展中国家利用文化比较优势,发展创意文化产业,推动本土经济可持续发展的重要途径。

## (三)创意产品的开发

传统高度标准化的业务流程管理(BPS Management)已不再适应知识和创意密集的创意产品开发过程,创意产品开发的管理需要新的基于创意的业务流程管理模式(Creative Bps),也就是说,创意产品的开发需要的是创意化的管理。创意管理的核心由三个部分构成:人文主义、社会技术学和知识管理。创意管理是实现商业创新,获取可持续竞争优势的源泉,通过创意管理指标体系(Crealive Managemenl Index,CMI)可以评估创意管理流程的有效性。具有"创意密集"特征的商业过程具有客户依赖和交互的管理性质,并在输出结果、过程结构和要求资源等方面具有很高的不确定性。学习型组织构建与"创意组织氛围"之间存在正相关关系,在创意管理过程中,应基于情绪认知对创意过程中的组织和个体冲突进行有效管理。

在迅速变化和高度竞争的市场中,"机会发现"对及时开发创意产品和服务具有十分重大的意义,因此需要在组织内建构一种"创新支持系统"(ISS)。研究发现,"可视化的场景""价值认知""基于共享知识的合作创造""新出现的机会评估"四个要素是实现机会发现的关键。从创意产品的结构与功能的相互关系出发,对创意产品的功能要求和设计参数进行分类和格式化,可以得出可能的创意功能配置组合方案。此外,通过EP(扩展产品)的概念框架,可以有效地实现新产品开发的合作创意,更好地实现基于消费者的商业模式。

# 二、数字内容产品

数字内容产品属于文化产品中被信息化、数字化了的虚拟产品或无形服务。数字内容产品与文化产品之间是一种"包含于"的关系,以下将对相关研究进行综述。

## (一)数字内容产品的概念

数字内容产品就是一切数字化了的,并且可以通过数字化网络传输的产品。事实上,任何产品都可以有精神内容和物质载体两种形式。数字内容产品就是以创意为核心的,以数字信息技术为载体的精神性产品。数字内容产品目前涉及的领域主要包括数字出版、数字广告、数字创作、数字化教育、动漫、游戏、影视、内容软件等，随着信息技术、互联网技术和相关服务产业的发展，数字内容产品的边界将越来越大。

数字内容产品内在包含技术、商业、文化、艺术等要素之间的交融与互动。文化资本是推动产品开发的重要基础，文化资本在数字内容产品的开发和运营过程中，起到了重要的基础性作用。社会文化的许多要素，深刻地影响了数字内容产品的价值呈现。此外，数字内容产品的消费具有较强的空间文化属性，消费者之间的模仿行为是驱动其扩散的重要动力。

数字内容产品的价值创造过程也具有自身的特点。如动漫产品的价值创造过程集中体现为"价值网"的形成和发展。就视频游戏而言，价值链的构成涉及生产者、消费者、硬件平台和销售渠道四个方面，与传统的电影、音乐等娱乐产品相比，硬件平台对价值创造具有更大的影响，由于视频游戏具有很强的互动娱乐特征，平台服务商和消费者在价值创造过程中发挥着更为重要的作用。

## （二）数字内容产品的特性

数字内容产品内在包含文化、技术和经济性生产要素的交融与互动，是文化创意产品中技术密集性很强的产品形态，具有自身独特的特点。

### 1. 社会网络性质

数字内容产品具有明显的社会网络性质。如动画已经形成一个全球性的生产网络，该网络在市场结构、劳动力分工、需求结构、生产技能的扩散等方面和传统文化产品的生产具有显著差异。

此外，游戏开发者之间的连通性对游戏企业具有重要影响，在社会网络视角下，开发商之间的知识溢出效应对企业发展具有明显的推动作用。同时，消费者是影响互联网创意产品生产的重要因素，在视频游戏市场中，消费者网络是游戏企业的重要战略资产。在视频游戏的开发、测试和扩散过程中，游戏开发公司与游戏用户社区之间的互动关系对产品成功具有重要意义。

### 2. 参与者之间的互动性

由于数字内容产品大都通过互联网进行传输和连接，处在不同节点上的消费者很容易在虚拟空间相互作用，使数字内容产品具有很强的互动性，参与者之间的互动交流可以是同时发生的，也可以是先后发生的。数字内容产品的互动性改变了传统媒介信息从发送者到接受者单向流动的模式，使所有的信息都双向互动起来，这种互动作用可以发生在持有互联网终端的人与人之间，也可以发生在人与机器之间。判断数字内容产品互动性强弱的标准包括：数字内容媒体或终端的可选择性、可替代性、可修改性、线性或者非线性、产品对人的感官的激发程度等。数字内容产品的互动性使交错互动的网络空间得以形成，消费者在这一网络空间可以尽情舒展自己的个性，拓展了参与者的社交圈，大大加强了参与者的社交范围和社交频率，极大地降低了人与人之间的孤独感和疏离感。

### 3. 消费的体验性和参与性

在传统商品的开发和生产过程中，消费者对产品开发过程的参与度很低，即使有参与，在大多数情况下也只是产品开发过程的被动参与者。数字内容产品以二进制编码的数字化格式为基础，以比特流的方式通过互联网进行产品的传播，具有非常强的可复制性、可传达性、可分割性、可破坏性、可改变性，因而消费者可以在数字内容产品开发和运营的多数阶段进行参与，如创意、开发、生产、消费等环节，实现生产与消费的深度互动和价值共创。数字内容产品是精神产品的一种，消费过程就是参与者的体验过程，而体验的评价是主观的，因此，消费者的主观评估是产品开发和改进的先决条件。消费者对数字内容产品体验后的评论、口传等信息是影响后续消费者选择的重要广告信息，而消费者的体验评论本身主观性很强，受消费者个人世界观、价值观、文化素养、认知能力等因素的影响，在进行数字内容产品的开发和运营过程中应对消费者评论信息进行有效的引导和管理。

### 4. 平台经济性

数字内容产品还具有较强的平台经济性。在双边市场理论的视角下，视频游戏控制平台市场中的"多方持有行为"对平台拥有者、消费者和生产者网络具有重要影响。如平台层次的多方持有行为，会对平台的销售产生不利影响。而在成熟的平台市场中，平台共享程度的增加，会导致更多的生产者层次的多方持有行为。此外，互不兼容的多种游戏硬件平台和软件网络规模效应，会对第三方开发者软件产品的市场份额产生显著影响。

### 5. 特殊的定价策略和营销模式

数字内容产品是运用现代数字技术，将知识信息碎片化，重新聚合成多种内容、多种形式、多种平台、多种载体，在多边市场上运营的新型产品，这一产品特性彻底打破了传统商品一对多的定价模式。因而对数字内容产品的定价应该考虑其特殊的成本结构和网络外部效应。影响数字内容产品定价的主要因素有两个：一是特殊成本结构；二是网络外部效应。与此相对应，数字内容产品的定价策略包括：以内容需求为基础的价格策略、以平台成熟度为基础的价格策略、以用户偏好为基础的价格歧视策略。此外，数字内容产品的定价和销售策略还受到相关交易各方的市场控制能力和互动关系的影响。

在营销模式方面，数字内容产品与传统产品的区别主要体现在顾客群体不同，网上顾客行为变化性大，产品的发行受到宽带覆盖、服务器容量、终端设备等配套设施等方面的影响。因此，数字内容产品的营销模式与传统产品有很大差别，根据不同产品特质，可以采用组合模式、捆绑模式及混合模式等。数字内容产品的可试用性和其需要的营销工具数量显著相关；"4P-4C-4S"营销模型对不同种类的数字内容产品存在适用性的差异；在网络营销环境中，数字内容产品常用的传输模式"下载和交互"与其适宜的分销方式"网上商店和独立网站"之间存在因果关系。对网络文学作品的研究表明，数字内容产品的信息披露程度对成交量具有重要影响。

### 6. 对技术的高度依赖性

数字革命对内容的生产方式具有明显的革新作用，它在经济和艺术两个层面，通过新知识和新技艺的应用来提供新的产品和服务，并直接影响数字内容企业的战略组织和创新过程。信息技术还通过技术绩效、市场实践和用户感知等中介变量，对数字内容市场产生影响。新技术变革深刻改变了数字内容市场的商业模式，如数字音乐市场和视频游戏市场的商业模式都出现了在线销售的新趋势。对家庭视频游戏市场的历史分析也表明，技术变革导致行业标准的改变，进而对市场竞争格局产生重大影响。可见，数字内容市场存在迅速的技术进步和竞争格局变化，这就要求数字内容企业具备迅速适应变化、保持竞争优势的能力，即必须获取和保持"动态能力"，这对于这一行业中的企业至关重要。在微观层面，技术变革首先影响数字内容产品的创意过程。如对视频游戏产品而言，无论是基于已有平台来开发新游戏产品，还是研发新的游戏平台，技术变革都将进一步加剧产品创意过程的非线性和不可预测性，使产品创意过程更加类似于一个"创意谈判"的过程。在数字内容产品开发的过程中，还出现了一种新的价值共创模式——威客，这一模式对提升数字内容产品的技术资源配置效率具有积极作用。

运营模式是企业战略执行的重要基础。一般而言，运营模式是指在产品的价值创造和价值增值过程中，对业务流程、业务单元和利益相关者关系的管理组织方式，产品的价值创造和价值增值过程是运营模式的核心。由于这一过程是在一定的社会价值网络中完成的，因此，应在一定的商业价值环境下考察产品的运营模式问题。具体而言，运营模式是业务流程集成度和业务流程标准化两个维度在不同水平上的组合。

在互联网环境下，通过网络平台的连接，传统的价值链打破空间和时间限制，进化为包括用户、供应商、合作伙伴和竞争对手在内的实时价值网络。互联网带来的"长尾效应"和相应的利己市场也为传统商品的价值增值提供了新的巨大空间。就文化创意产品而言，互联网与原有产品价值链环节相结合，改变或重构了文化创意产品的价值链结构和价值增值方式。

总体而言，互联网创意产品的相关研究具有以管理学为核心，多门社会类学科参与，重视与实践结合的特点，呈现多学科多视角的态势。这些研究成果对本书进一步开展对互联网创意产品运营模式的研究提供了相关理论基础和重要的研究借鉴。

对互联网经济的相关研究主要从宏观和微观两个层面展开。宏观层面主要涉及互联网经济的内涵和特性问题。其中，关于其双边市场特性的研究较为系统和深入。微观层面主要涉及网络消费者行为的特性和影响因素问题，其中，对网络消费者行为倾向的研究表明，网络消费者行为倾向主要受交易成本、风险、易用性、可用性等因素的影响。

文化产品、创意产品和数字内容产品与"互联网创意产品"的概念在内涵和外延上较为接近。相关研究主要涉及这三个概念的内涵和特性问题。总体来看，文化产品的概念既包含创意产品，也包含数字内容产品。而创意产品和数字内容产品之间具有很大的概念交集。创意产品所具有的重要特性包括功能价值与观念价值并存、消费的体验性和可传染性。数字内容产品所具有的重要特性包括社会网络性、平台经济性、技术依赖性等。两者最突出的共有特性就是文化、技术、经济要素的内在交融性质，而数字内容产品的技术性更为突出。这些特性导致了两者在具体运营模式上的特殊性。

学术界已经对互联网环境下文化创意产品的运营模式问题予以关注和探讨。相关研究主要是针对具体的产品类别进行分析和研究。其中，不少研究关注了出版、新闻、电视等传统文化产品在互联网条件下的运营模式创新问题。同时，文献研究的结论也表明，现有研究尚有待进一步的拓展和深化。

第一，对互联网环境下文化创意产品的理论概括度不足。现有研究多针对某一具体产品类型进行探讨。多从传统的出版学、传播学角度，对互联网条件下相关产品的新性质和运营规律进行探讨，或者对属于纯粹互联网环境下的新产品形态进行单独讨论。但是，问题的实质在于"互联网＋"与文化的融合和创新的具体实现机制，相关研究均未站在互联网与文化创意深度融合的视角来分析相关问题，本书提出"互联网创意产品"的概念，正是对"互联网＋文化"的高度理论概括。

第二，对互联网创意产品的价值网缺乏系统研究。互联网与文化创意产品结合后，产生了全新的互联网创意产品价值网部分研究注意到这一全新的重要性质，但并未做专项的系统讨论。事实上，价值网是互联网创意产品运营的主要载体。互联网创意产品的价值创造和增值过程都是在价值网内，通过多重价值循环的方式实现的。建立互联网创意产品价值网的系统理论，是深入探讨互联网创意产品运营模式的重要理论前提。

第三，对互联网创意产品运营模式的研究有待深入。现有的相关研究主要停留在概念分析和描述性分析的阶段，对于互联网与文化创意产品结合所带来的特殊性质，及由此带来的运营模式上的新特点，缺乏系统的理论和实证研究。需要进一步从运营的各个环节、各个层面，分析其流程体系和模式，研究如何有效管理这一以文化特征为核心的运营过程，为实现生产出具有全球竞争力的互联网创意产品这一目标，提供理论和实践指导。

第四，对互联网创意产品运营的制度环境缺乏研究。互联网创意产品具有以文化为内核，经济、技术、社会三位一体的融合特征。互联网创意产品的运营，是通过在价值网中的多重价值循环实现的，但是，互联网创意产品的价值网又处于一个更大的制度环境当中。这一制度环境也对应包含经济、技术、社会三个方面的制度系统及其子系统。制度环境的有效性，对互联网创意产品运营过程的绩效具有重要影响。现有研究或者未关注制度环境问题，或者仅关注了某一方面的制度影响问题，因此，有必要从"经济—技术—社会"整合框架的角度，系统探讨互联网创意产品运营的制度环境问题。

# 第三章　文化创意产品设计的构成

## 第一节　文化创意产品设计的构成要素

### 一、字体

#### （一）字体设计的原则

1. 简洁性

文字在我们的生活中无处不在，并且作为设计作品中重要的视觉传播语言，在设计中占据着举足轻重的地位。在进行字体设计时，应首先考虑将文字以简洁的姿态编排于版面中，使文字具有较高的辨识度。

通过把握文字结构、逻辑关系等因素，并结合点、线、面等设计理念，可使版面中的文字清晰可见，让读者能够较为畅快地进行阅读。

2. 易读性

文字是日常生活中重要的记录符号和表述语言，也是不可或缺的信息传播手段，因此，文字对于视觉传达设计的重要性是不言而喻的。在对创意设计中的文字进行编排时，保证其在版面中的易读性是保证页面信息传播效率的重要因素，通过选用最恰当的字体，并将其进行合理的设置，可以在一定程度上提高版面中文字的可读性与易读性，增强版面的形式美感。

#### （二）字体设计的创意

通过运用艺术性的表现手法，将设计者的艺术想象力和创造意识融入字体中，可赋予字体新的形态和感情，从而引发读者对画面空间的想象力，增加读者对画面情感的领会。特殊的创意表现手法多样，在大胆创新的同时，还要注意抓住对字体基础知识的理解，遵循字体设计的原则，把握问题的准确性，使字体在版面中进行有针对性地表达，这样才能使对象语言得到很好的传播。

1. 将文字具象化使其形象生动直观

文字的具象化是指将抽象的文字进行设计和编排，使其与图形相结合，最终以具象化的图形样式呈现在读者面前。文字的图形化能使人快速地理解和体会画面所要传达的信息内容，直观地给人留下深刻的印象。抓住文字和图形共同的属性和特征，把握好两者之间的关联性，在版面中进行合理的编排，能使画面更加有趣和生动。

2. 抽象字体的使用提升版面的艺术性

与具象化的文字表现使版面内容更直观的性质相反，抽象字体的应用使版面内容丰富多变，提升版面的艺术性，同时带来完全自由洒脱的动感，没有任何拘束性，让读者在欣赏的时候能被画面中的艺术美感所吸引，感受到画面中的活力与灵动。

## 二、图形的类别与发展

### （一）图形的类别

#### 1. 东方传统图形符号

东方文明，以中国的文化为典型的核心，重点强调"天人合一""求全思想"两个方面的内容，追求的主题是"形神兼备"，其设计都可以非常多地体现出其主观因素在创作过程中的主导性，表现出使人极为惊叹的艺术想象力。

在中国古代时期流传下来的神话和传说故事中，龙作为一种非常神异的动物而存在，是具有九种动物合而为一的"九不像"形象。龙本来属于原始社会时期发展形成的一种图腾崇拜标志，其传说大多集中在能显能隐、能细能巨、能短能长等方面，还可以春分登天，秋分潜渊，呼风唤雨，无所不能。

#### 2. 西方图形符号

在西方早期的文明发展进程中，理性的思想往往占据了非常高的地位，直到文艺复兴时期，欧洲的艺术形象一直都是以摹写与客观写实作为其主流的，因此其创造性的视觉形象往往不像东方那样俯拾即是。

在文艺复兴以前，图形主要是依据需要排列于没有纵深空间关系的纯粹平面上的。文艺复兴到印象派时期这段时间内，人们开始使用透视性规律，努力在平面之中体现出三维空间的形象，如达·芬奇的名画《最后的晚餐》。

立体派艺术家主要采用块面的结构关系来对物体进行分析，表现体与面的重叠、交错之美，创造出一个相对比较独立于自然的艺术空间类型，主张对一个物体能够从不同角度、多个视点加以观察与分析，从而构成一个全新的空间观念，极大地开拓了现代图形思维的空间范畴。

#### 2. 图形的发展历程

图形在发展过程中经历了三次比较重大的革命。

第一次革命主要是在原始社会时期，将符号演变成了文字。文字的出现也进一步促使符号具有一定程度的规范性，并逐渐发展成为记事与识别十分重要的手段形式。文字还促使信息可以在一定范围内迅速发展传播。

第二次革命主要起源于中国的造纸术及印刷术的发明。纸的发明进一步促进了文字与图形的传播和应用，印刷术的发明也促使视觉信息得以批量化地进行复制。

第三次革命主要开始于 19 世纪时期的科技与工业变革，最具有代表性的是摄影技术的不断发明及由此带来的制版方式和印刷技术的发展与革新。传播的广泛性在第三次变革中得以进一步扩展，图形在这个时期也发展成为一种真正的世界性语言。

现在的电子技术不断发展，高科技也进一步推动了图形的传播，甚至超越时间的局限与空间的距离性，传播的速度飞快，其范围甚至到达了世界的每一个角落，信息的受众甚至已经发展到每一个人。

## （二）现代图形特征及设计原则

### 1. 现代图形的特征

优秀的现代图形通常会在风格的表现方面存在极大的不同，但是其中也有一些是共通的特征，可以将其归纳为准、奇、美三个字。

（1）准

准主要是指传达信息具有准确性特点。现代图形通常都是在挖掘相关观念的核心内涵，用一种比较恰当的形象语言进行表达，直观有力。

（2）奇

奇主要是指图形表现出来的典型创造性。好的图形一定是具有强大吸引力的，而这种强大的吸引力通常都是通过创造性的、与众不同的视觉形象来进一步获得的。差异化、个性化、原创性通常是一个优秀的设计作品必备的基本素质。

（3）美

美主要是指图形所表现出来的艺术性特征。图形的优势在很大程度上源于它典型的审美价值，我们现在除了进一步关注图形信息所具备的传达功能外，更趋向于不断追求表现层面的诗意化特征。优秀的图形作品通常是在视觉效果方面展现出特点，不管是简洁的还是繁复的，传统的还是前卫的，总体上都可以通过生动的线条、完美的色彩、恰当的构图去创造一个比较符合形式法则的艺术形象，给受众群体带来思想情感层面的满足。

### 2. 现代图形的设计原则

从现代图形的基本特征上我们都能够获得图形设计的基本原则，它可以分为下列三个方面：

（1）通俗性、准确性

图形属于一种具有典型艺术象征性的符号，通过形象可进一步完成信息传达的基本过程，所以设计者在创作过程中通常要站在以人为本的立场上，尊重广大受众群体，充分了解符号所具备的一般社会含义。

（2）创造性

创造性通常包括两层含义：一种是创造性地挖掘出图形语汇；另外一种是表现手法上的不断创新。

（3）艺术化

今天的图形通常是在传达信息的理性过程中进一步强调表现形式的艺术化特点。能够借鉴各种不同的艺术形式去表现风格，并加入中外文化的相关艺术审美情趣，可在时代感、文化性方面走得更远，并提升图形的文化艺术价值。

总体而言，现代图形的创意追求通常应是"意料之外的外在形式，情理之中的内在逻辑"。图形给了我们非常广阔的想象空间，在这一空间之中，能够进一步注入自己的激情与幻想、思维与技巧，使所需要表达出来的意念能够很好地呈现给观众。

## （三）图形设计的价值与意义

### 1. 图形具备信息传播功能

现代图形的语言形象非常简洁，最容易被人们识别和记忆，具有超时空、超地域、超文化障碍的传播动力，具有信息容量比较强大、传播速度非常快、信息内容表达十分准确等多个方面的独特优势。因此，图形在现代信息化的社会发展大环境中处于一种完全不被替代的地位。

### 2. 图形语言直观，传播效率较高

语言文字是抽象的，它所传递出来的信息首先需要通过眼或者耳，再传入大脑加以分析才能转换成形象，然后进行判断与想象，它属于一种非常理性的行为。而图形是极为直观的，通过眼睛可以直接进入人的大脑做出相应的判断，无须进行分析与转换，属于一种非常感性的艺术行为。

### 3. 图形有潜在的商业与社会价值

图形设计具有为现代社会、文化、商业经济大环境服务的基本特性。通过对图形语言的描述，可以向广大人民群众传播出公众权益、文化理念、商品生产及销售等多种多样的不同信息。

# 三、色彩

## （一）色彩的种类

### 1. 原色

色彩中不能再分解的基本色称为原色。原色能合成其他颜色，而其他颜色不能还原出本来的颜色。

原色只有三种：色光三原色为红、绿、蓝，颜料三原色为品红（明亮的玫红）、黄、青（湖蓝）。色光三原色可以合成所有色彩，同时相加得白色光。颜料三原色从理论上来讲可以调配出其他任何色彩，同色相加得黑色。因为常用的颜料中除了色素外还含有其他化学成分，所以两种以上的颜料相调和，纯度就会受影响。调和的色种越多就越不纯，也越不鲜明。颜料三原色相加只能得到一种黑浊色，而不是纯黑色。

### 2. 间色

由两个原色混合得间色。间色也只有三种：色光三间色为品红、黄、青（湖蓝），有些彩色摄影书上称为"补色"，是指色环上的互补关系。颜料三间色即橙、绿、紫，也称"第二次色"。必须指出的是色光三间色恰好是颜料的三原色。这种交错关系构成了色光、颜料与色彩视觉的复杂联系，也构成了色彩原理与规律的丰富内容。

### 3. 复色

颜料的两个间色或一种原色和其对应的间色（红与绿、黄与紫、蓝与橙）相混合得复色，亦称"第三次色"。复色中包含了所有的原色成分，只是各原色间的比例不等，从而形成了不同的红灰、黄灰、绿灰等灰调色。由于色光三原色相加得白色光，这样便产生两个后果：一是色光中没有复色，二是色光中没有灰调色。

如两色光间色相加，只会产生一种淡的原色光，以黄色光加青色光为例：

黄色光 + 青色光 = 红色光 + 绿色光 + 绿色光 + 蓝色光 = 绿色光 + 白色光 = 亮绿色光

## （二）色彩的要素构成

色彩是一种光的现象，物体的色彩是光照的结果。真正揭开色彩产生之谜的是英国科学家牛顿，他将透过小孔的阳光用三棱镜进行分解，产生了包括红、橙、黄、绿、青、蓝、紫七种颜色的光谱。

### 1. 色相

色相是指色彩不同的相貌。色相中以红、橙、黄、绿、紫色代表着不同特征的色彩相貌。当黄色加入白色之后，显出不同的奶黄、麦芽黄等，但它的黄色性质不变，依然保持黄色的色相。

色相是有彩色最重要的特征，它是由色彩的物理性能所决定的。由于光的波长不同，特定波长的色光就会显示特定的色彩感觉。在三棱镜的折射下，色彩的这种特性会以一种有序排列的方式体现出来，人们根据其中的规律性，便制定出色彩体系。

色相的数量并不是一个确定的数，从三棱镜中分出来的是七色：红、橙、黄、绿、青、蓝、紫，但每两种颜色之间并无明显的分界，而是一个渐变的过程，所以，不同的研究呈现为不同的划分方法，色相就出现有 8 种、20 种、24 种，甚至 100 种等等。它们的排列根据光的波长秩序，表示的方法就是"色相环"。每一种色相都有一个明确的称号，但通常总是用"深""浅"来表示，这样是无法将几千几万种的色彩加以区分的。因此，色彩的研究者为了科学地区分色彩，运用了各种标示的方法。

最初的基本色相为：红、橙、黄、绿、蓝、紫。在各色中间插入一个中间色，其头尾色相，按光谱顺序为：红、橙红、橙、黄橙、黄、黄绿、绿、绿蓝、蓝、蓝紫、紫。基本色相间取中间色，即得十二色相环，再进一步便是二十四色相环。在色相环的圆圈里，各彩调按不同角度排列，则十二色相环每一色相间距为30°，二十四色相环每一色相间距为15°。

在国外的颜料上都有色相的明确标识，例如10pB，指的就是带紫的蓝中第10色。另外，某一种色相和黑、白、灰调和，无论产生多少种明度、纯度变化，它们都属于同一种色相。

在设计中，设计师在一个色系中找到合适的色相是要仔细斟酌的，甚至在直觉性选择之外不得不借助理性的分析，才能做出决定。比如红色在设计中的使用，朱红、大红、深红等各种红色之间存在相当大的差别。

### 2. 明度

色彩的明度指的是色彩的明暗程度，也称光度、深浅度。一个色彩加入白色越多，明度越高；加入黑色越多，明度就越低。

在无彩色中明度最高的是白色，明度最低的是黑色。从白色到黑色中间出现一系列明度不等的灰色，从亮灰色到暗灰色，我们把这一系列的明暗变化称为明度系列，对于光源色来说也称光度、亮度等。在有彩色中也有明暗的差别。最亮的是黄色，最暗的是紫黑色，其他色彩居中。

为了更有效地使用色彩，我们应该知道每种颜色的标准明度。这种标准明暗在色轮上看得很清楚，色轮上的颜色按照中性明度的水平从黑到白依次排列。

### 3. 纯度

色彩的纯度又称饱和度，它是指色彩的鲜艳浓度和纯净度。纯度的高低决定了色彩包含标准色成分的多少。在自然界，人类视觉能辨认出有色相感的色，都具有一定程度的鲜艳度。然而，不同的光色、空气、距离等因素，都会影响到色彩的纯度。比如，近的物体色彩纯度高，远的物体色彩纯度低；近处树木的叶子色彩是鲜艳的绿，而远处叶子则变成灰绿或蓝灰等。

在光色中，各单色光是最纯净的，颜料是无法达到单色光的纯净度的；在颜料中，色相环上的色彩是最纯净的，而任何一种间色会减弱其纯净度。

在人的视觉所能感受的色彩范围内，绝大部分是非高纯度的色，也就是说，大量都是含灰的色，有了纯度的变化，才使色彩显得极其丰富。不同的色相不但明度不等，纯度也不相等，如纯度最高的色是红色，黄色纯度也较高，但绿色就不同了，它的纯度几乎才达到红色的一半左右。在实际的设计工作及日常生活中，对色彩纯度的选择往往是决定一种颜色的关键。

## 四、编排

### （一）视觉流程与编排空间构成

#### 1. 人的视觉流程

视觉流程是指视线作用于画面空间的过程。人们阅读版面时，一般都是由左到右、由上到下、由左上沿着弧线向右下方流动。所以，编排视觉流程是一种视觉的"空间运动"，视线随着版面的各视觉要素在空间沿着一定的轨迹进行运动，从而形成一定的视觉习惯。

心理学家格斯泰在研究版面规律时指出，版面在一定尺度的空间范围内，不同的部分有着不同的视觉吸引力和功能。上半部的视觉诉求力强于下半部，版面左侧的视觉诉求力强于右侧。版面设计不同的视域、不同的重心、不同的导向会产生不同的心理感受，如上半部给人轻松、漂浮、自在、积极向上之感，下半部给人稳重、消沉、低迷、压抑之感；左侧给人轻松、自如舒展感，右侧给人束缚、紧张、局促感。

设计画面与视觉元素都是静止的，而观者的视线是流动的，设计者应利用诸种元素间的差异，做出有序的配置。有计划地调整视觉元素之间的综合关系，能使画面获得自然严谨的视觉秩序，对信息传达次序亦能起到引领和带动作用。设计师还必须了解人类生理和心理的视觉规律，明确人们的"最佳视域""最佳视域区""最佳焦点"和普遍的"视觉流程"，这样才能设计出好的版面。编排设计应结合主题，按信息传达的具体目的来制定视觉流程，这也是版式设计的基本要求。

从种类上划分，视觉流程基本上可分为重心诱导、位置关系、导向式、形象关系、散点式五种；若从视觉顺序的角度划分，又可分为反复式与单向式两种。

（1）重心诱导流程

重心诱导流程适用于信息传达主次划分不是十分明确的主题。版式设计中的元素编排，往往将观者的视线开端含蓄地安排在版面的重心位置，这种组织方法需要在版面中配置一个在动势与方向上与重心点相反的形态，从而使画面整体获得足够的视觉张力。只有这个因素存在，重心位置才会被引导和强调出来。

（2）位置关系流程

位置关系流程适用于追求单纯感的设计，它是编排设计的常规技巧，清晰而有条理，在视觉浏览方向上强调秩序性，如上下、左右或对角关系的顺序关照。它往往利用人的自然视线过程组织画面，引导视线逐点向既定方向前进。

（3）导向式流程

由潜在（虚示）或显在（明指）骨骼引导的视觉流程，转化为视觉元素间的组合关系主要有两种：以连接的形态引导出视觉主体和以分离但相互呼应的形态（动作、姿势或眼神）引导出视觉主体。

（4）形象关系流程

形象关系流程所使用的形式手段，是利用形象吸引力分清主次秩序。在对视觉元素的布局安排上，主要以点、面的对比关系衬托视觉主体，而面通常是背景，是画面的底层，点则是画面的视觉主体，处于前层。面与点的存在关系具有两方面的价值。一方面是以形式的手段加强视觉主体，从而达到更为有效的信息传递，面与点之间往往存在明度、色彩、大小、虚实的对比关系，并以此将点衬托出来。另一方面，从设计创意的角度看，面是设计所营造的整体情境，是氛围的载体，而处于其中的点，则被这个面烘托和包裹，使主题印象得以深化，形成一个更加有力的信息传达的整体。

（5）散点式流程

散点式流程应用于视觉元素多样且需同时展示的设计，比如需要将产品作全景式展示的商品广告，散点式构图可以营造丰富充实的品牌印象，从而增强人们的购买欲望。

（6）反复式流程

反复式视觉流程是将视觉元素较为平均地散布，或是将其导入一个视觉循环系统，在视线游走的过程中，对设计元素进行反复关照。这类视觉样式多被应用于需要将视觉元素并列展示的设计（如散点式流程），或是画面具有强劲动势及视觉张力的设计中（如重心流程）。

（7）单向式流程

单向式视觉流程是指版式设计中的强势诱导因素占据主动态势，逐步推出视觉主体的设计手法。比如位置关系、形象关系及导向式的视觉流程，都是按照既定顺序将视觉传达的主体加以突出的，视线的流动过程也是以单向秩序为主的。

2. 编排空间构成

编排设计的版面通过空间分隔可将各种信息按照功能、逻辑有序地组合和分列。对版面空间构成的把握主要反映在理性化的分隔、感性化的分隔及虚实空间三方面。

（1）理性化的分隔

理性化的分隔最常见的表现为网格设计。网格设计又称网格系统，是现代国际上普遍使用的一种编排构成方式。它是在版面确定好比例的格子中分配文字和图片，重视版面的连续性、清晰度，给人以整体、严谨的秩序感。这种方式广泛应用于各种书籍、杂志和样本设计中。

（2）感性化的分隔

感性化的分隔打破了网格设计严谨的分隔方式，是按照设计者的感受来界定版面区域划分的编排构成方式。版面空间中信息的主次顺序、形象之间的平衡关系主要通过直觉来处理，通过自由的编排方式来表现设计者的创意。

（3）虚实空间

虚空间是针对占据版面形体的实空间而言的，这个空间因表现形体之外或形体之后的背景而往往被人忽略。然而，虚空间与实空间具有同等重要的意义。若没有虚空间的衬托，人的视觉就无法集中。留白是虚空间的特殊表现手法，如果把空白当作实体，把文字和图当空白，就会发现空白的形状和衔接方式、大小、比例、方向等决定着版面的设计质量和深度。可见，编排设计中虚实空间的处理，是为了更好地烘托主题、渲染气氛。虚实处理得当，会使主题鲜明突出，给观者留下联想的空间。

留白以它白色空间的单纯及感染力提升整体画面的审美意境、人文气息，留白较之于满版的设计编排更加具有人文气息，使画面产生有序、沉静、沁人心脾的澄澈之美。

（二）编排的形式

1. 标准型

标准型图在版面上端，其次是标题，然后是广告文和商标字体，它是基本、简单而规划的，更容易引起人们的注意，从而引导阅读。

## 2. 对称型

在编排的形式中，对称型较为常见，一般以追求完整、匀称、严肃、庄重、大方为美学准则。

## 3. 图片左、右置型

这种设计一般采用图形左（右）放置，留出空间给中英文字体，字体采用对比的手法。这种手法视觉流程清晰，便于阅读。

## 4. 重复型

视觉元素与信息元素多次重复出现，吸引消费者，有使整个画面统一的功效，在书籍、简介、说明书的版面设计中应用较多。

## 5. 自由型

自由型主要指设计不拘泥于形式，编排活泼。如报纸版面，连环画或杂志读物、路牌广告等常采用这种方法。

## 6. 中轴型

标题、广告文、图片与商标字体交互放在轴线的两边，此型较为冷静，有平衡感，未必一定用线条来表示，也可利用中间的空隙，作为此型轴心。

## 7. 四点型

布图时均有一单元与画面的四边接触，一个单元碰到另一个单元边，而其他的各边由其他单元去接触，画面生动、醒目。

## 8. 文字型

文字型，顾名思义就是以字体为主的编排形式

## 9. 上下横跨型

标题或图片开始往下延伸，广告文、字体或其他单元横跨右边缘，此型既稳健又值得重视，易引起读者的兴趣。

## 10. 字图型

图形排列成字体，并将设计物的各单元排列成字体形式。

## 11. 指示型

指示型是指图形或者图表指向广告内容。

## （三）骨骼

构图第一步通常是分割画面。分割画面往往是为了更合理地安排各视觉要素在画面中的位置，前文中所讲的对称能看作是等形分割，平衡则属于自由分割。

在很多设计中都存在"骨骼"，骨骼所管辖的是设计中的形象位置，还支配整个设计的秩序。

我们在设计的时候能够意识到骨骼，我们组织形态的时候，又出现了骨骼的意图。

### 1. 规律性骨骼

规律性骨骼通常是采用比较精密的数学方式所构成的，例如重复、渐变、发射等。规律性的骨骼把空间分成相同或者相互关联的若干个空间单位，使形象编排出现十分强烈的秩序；也可以把某些骨骼单位加以合并，造成大小完全不同的变化形式，因为比例关系的存在，设计过程中仍然存在着十分严谨的规律之美。例如报纸的排版，先划分出几个基本栏。在编排的过程中，有时是通栏的，有时则把基本栏划分成更小的单位。

比较常见的规律性骨骼主要包括重复、渐变、发射等。

#### （1）重复

重复是指相同的形象连续地、有规律地反复排列出现。重复的形象在视觉上反映为整齐一律、单纯统一，使人产生深刻的印象，但是由于重复具有极强的规律性，如果在设计中处理不当就会产生呆板乏味的机械感。

#### （2）渐变

渐变也称渐移，它是以相近的基本形或骨骼，渐次地、循序渐进地逐步变化，使构成的变化符合逻辑，进而呈现出一种有阶段性的、调和的秩序。

在设计中，渐变也是重复构成的一种特殊形式，它的美不仅体现在形态的渐次变化上，还能让人感受到空间、时间、距离、数理等意义。

①基本形的渐变

基本形的渐变是指基本形按照一定的规律，使其在形状、方向、大小、位置、色彩等方面发生渐次变化。

第一，形状渐变：由一个形象逐渐变化成为另一个形象的渐变称为形状渐变。形状渐变是渐变中形象变化最大的，可以由简单到复杂、由具象到抽象、由完整到残缺、由此形到彼形等。

第二，方向渐变：将基本形作方向、角度的序列变化，会使画面产生起伏变化，增强立体感和空间感。

第三，大小渐变：指基本形的面积从始至终由大到小或由小到大渐次排列，给人以较强的空间感和运动感。

第四，位置渐变：基本形在构成骨骼中的位置发生变化，使基本形在变化中不够完整，并由此产生运动的视觉效果，表现出强烈的节奏感、韵律感。

第五，色彩渐变：同一基本形在色相、明度或纯度上产生变化，进行渐变推移，构成一定轻重变化的视觉效果，增强构成形式的感染力。

②骨骼渐变

骨骼渐变是指骨骼单位的间距、形状、大小按一定比例渐变，骨骼的变化不是重复形式，而是有规律地在宽窄、方向、疏密等形式上渐次变化，从而使基本形依次而变。

第一，单元渐变：只有一组骨骼线做逐渐加宽或缩窄的渐变，其他组骨骼线重复排列。

第二，等级渐变：将骨骼作竖向或横向整齐错位移动，产生一种梯形变化。

第三，双元渐变：两组骨骼线同时渐变。

第四，折线渐变：将竖的或横的骨骼线弯曲或弯折。

第五，联合渐变：将骨骼渐变的几种形式互相合并使用，构成较复杂的骨骼单位。

③自由形渐变

自由形渐变，即基本形和骨骼依照一定规则发生渐变构成形式上的多种多样，此类型的渐变形式在立意、构思上颇具挑战性，充分考虑了基本形和骨骼变化的度。如：当骨骼渐变时，基本形的变化要简洁，符合骨骼渐变的要求，反之亦然。自由形渐变的构成形式有利于突出设计个性，赋予构成设计极大的空间。

（3）发射

发射构成指在重复、渐变构成的基础上，基本形、骨骼绕着明确的中心向外扩散或向内聚集的构成。

发射是规律性骨骼中非常严谨的、渐变的一种特殊形式，发射是由有秩序性的方向变动形成的。近发射中心的部分空间形较挤，远发射中心部分则宽绰，形成较强烈的视觉吸引力，易表达较强的节奏感和动感。

①离心式发射

它是指发射点一般在画面的中心，基本形由中心向外扩散的构成形式。它有向外运动之感，是运用较多的一种发射形式。离心式发射有直线发射和曲线发射等不同的表现形式。直线发射就是从发射中心，以直线向外放射扩散的构成，其中包括单纯性构成和复合式构成。直线发射构成的形象使人感到射线强而有力，有如闪电式的效果。曲线发射由于发射线方向的渐次变化，其线的变化使人感到柔和、变化多样，有一种旋转运动的效果。

②向心式发射

这是与离心式相反方向的发射骨骼，其发射点在外部，从周围向中心发射的一种构成形式。

③多心式发射

它指基本形以多个中心为发射点，形成丰富的发射集团。它往往有一个主要发射点，辅以其他次要发射点，主发射中心依靠发射骨骼线同其他次要的发射点相连接，构成紧密的联系，使画面产生强烈的动感，构成极强的空间视觉效果。

④同心式发射

这种构成指以某个发射点为中心，发射骨骼线成封闭的环状。

⑤移心式发射

这种构成形式是多心式发射构成的特殊形式。它的发射点根据图形的需要，按照一定的动势，有秩序地渐次移动位置，形成有规则的变化。它能表现出较强的空间感并具有曲面的效果。

⑥螺旋式发射

它是指以螺旋式的发射骨骼和与之相适应的基本形所构成的发射形式，旋转的基本形逐渐扩大，产生视觉的运动和变化，其构成形式生动、活泼。

（4）近似

近似是指形象之间不是完全一样，而是在某些因素上有共同的特征，因此表现出统一而生动的效果。近似的程度有很大的灵活性，相同的因素越多，效果就越统一，反之则产生的对比效果越强。近似与重复相比较，重复容易使画面产生统一感，而近似可以在统一中求变化。生活中这样的规律很常见，海滩上的石子大多相似，但不可能绝对相同。

近似构成手法比较灵活、多变，富有较强的趣味性，它不像重复构成那样机械、严谨，而是更加生动活泼。近似构成要注意求大同、存小异，使大部分因素相同，小部分相异，方能取得既统一又富于变化的观感。

①骨骼近似构成

骨骼近似的构成即单元骨骼发生变化后，基本形随骨骼的变化作相应的调整而构成的新形式。将骨骼单位的大小和形状进行一定的变化，可以使重复稳定的基本形显得活泼而富有变化。

②形状近似构成

形状近似构成即单元骨骼不发生变化，而以一个基本形为原始依据，并在此基础上对其进行大小、色彩、方向、角度、肌理或相加、相减的图形近似变化，形成形状近似的效果。

形状的变化要把握一定的限度，变化较小会与重复构成相同，变化太大则无近似美感，产生杂乱、不完整的视觉效果。

近似在设计中的应用较重复要常见，其具有重复的统一感，局部又有其变化，容易产生协调又富于变化的视觉整体形象。

有时候以上几种形式是放在一起使用的。例如，在重复的骨骼中放上一些渐变的形状，或者是同心发射和离心发射放到一起使用等。

半规律性的骨骼通常都属于在规律性骨骼基础上稍做轻微不规则的变化。有时候其形态或者色彩的形成发生突变，造成非常强烈的对比，有时候则三五成群，斑斑点点，画面活泼有趣。

2. 非规律骨骼

非规律性的骨骼通常没有骨骼线，形象的编排大都十分自由，如均衡、各种形式的密集等。所有骨骼都可以是有作用性的或无作用性的。

（1）无作用性的骨骼

无作用性的骨骼通常属于纯粹概念意义上的骨骼线，这些骨骼线能够很好地引导形象的编排，不会影响到它们的形状，同时也不会把空间分割成为不同的互相独立的空间单位。

（2）有作用性的骨骼

有作用性的骨骼除了具有无作用性骨骼的作用之外，还能够通过色彩或者图形的变化让相邻的骨骼单位形成完全不同的空间，如正负颠倒或者色彩的变化等。

（四）美学表达

1. 对称与均衡

（1）对称

对称是人类最熟悉的表现形式之一，不管是大自然中本来存在的动物、植物叶子还是人类创造出来的建筑、器皿等，很大程度上都是对称的。

我们来回顾一下中国古代的建筑造型，那些非常壮丽的宫殿、恢弘的庙宇，全都严格地遵循了对称的基本规律。古希腊、古罗马时期的建筑，同样也是以对称为主。而对称的这一形式所能够透露出来的是一种十分威严的气势，其庄重的氛围、严谨的风格是其他任何形式都不能比拟的。

在平面设计中，对称形式会用在一些大型的活动主题或者相对比较重要的场合之中，如报纸中比较严肃的新闻编排设计，书籍装帧中字典、辞海等一些常见工具书的设计。

对称的图形通常具有一种统一、大方、协调、安定的静态美感，但是也有一些相对单调、呆板的缺点，因此适度的变化是很有必要的。在设计过程中常常使中心适度偏移或者在对称双方在形状、色彩、大小等多个方面上稍加变动，以便形成一种既端庄大方又富有变化的构图——相对对称。

在视觉传达设计过程中，更多的是采用"相对对称"的形式。

"相对对称"还能够允许出现更多的变化，在视觉元素中出现的形状、大小、色彩、肌理等多个方面，关系元素中出现的位置、方向、重心等很多方面都能够作适当的变化。等形不等量、等形不等色、等色不等形，或者是位置、方向、重心稍作偏移等，都能够很好地获得完美的"相对对称"的构图。这种感觉上的"对称"不同于"实质性对称"，不仅具有稳定大方的特征，还富有变化，因此成为广告、报纸、书籍封面设计最常用的一种形式。

（2）均衡

均衡在严谨的风格之中求得突破与变化，更加符合人们追求进步和更新、灵活和进取的现代审美观点，中国的所有建筑、产品造型、雕塑等都一定要达到物理意义上的均衡，否则就不会成立。而在平面造型的艺术设计过程中，都属于一种心理层面的均衡，即幻觉层面的均衡。

均衡往往是通过整体性、综合性才能够得到的，这种均衡的能力往往是一个设计师所必须具备的基本素质。基础训练过程中的大量练习（主要包括素描、彩画、速写等）对培养均衡能力的把握是十分必要的。一开始慢一点寻找，反复进行练习，之后眼睛就会变得越来越敏锐，在极短的时间之内就可以发现画面存在的问题，进而把它调整好。

2. 节奏与韵律

节奏本来是指在音乐中音响的节拍变化符合一定的规律，而在视觉传达设计中则主要指变化中一系列视觉要素遵循一定的条理与秩序而不断进行重复排列，以此而形成律动的形式。有规律与重复是节奏能够产生的一个必要条件。在视觉传达中，节奏的运用能够极大地强化画面的视觉效应，进而充分加强作品的时间性概念，产生一种纵深感与哲理性；对视觉和构成形态都能够构成多次重复，最终可以很好地帮助作者表达出设计的意图。节奏属于典型的秩序，节奏之美就属于秩序之美。

人们在努力追求一种秩序、创造秩序，并且将美的秩序转化成为可见的视觉形象，这种视觉形象充分体现出每一个民族对于宇宙的高度赞美，也可以作为一种赏心悦目的艺术品代代流传。随着现代人们审美能力的不断提高，设计逐渐变得更加重要，艺术设计美学的原则也变得更为复杂，但是也更加能够充分地体现出人类对于秩序之美的探索和应用。

节奏这一具有非常典型的时间感的用语在一般情况下都能在构成设计的时候充分体现出来，它主要是指采用同一种视觉要素连续重复的时候所形成的运动感。重复与节奏通常是不可分割的，因为节奏是重复的结果。视觉单元上的间接重复往往会在这方面呈现出来，把画面的各部分进行连接组合在一起，把一幅作品组合成为一个统一的整体，也可以形成节奏之感。在造型艺术的设计过程中，节奏感一般能表现出形象的排列与组织动势，从大到小，再从小到大；由曲到直，再由直到曲等排列，都会形成典型的节奏。各艺术门类在语言层面都存在极大的不同，但艺术形式的规律往往是相通的。

## 3. 对比与统一

对比可以很好地提高设计的冲击力与注目度。在运用对比的过程中，一定要充分注意画面中的某些因素具有统一其他诸多因素的作用，以便减少各种因素之间存在的不必要的竞争关系。通常而言，达到统一主要分为两种形式：一种主要是以多数驾驭少数而达成的统一；另一种主要是以一种特异而引人注目的，产生可以控制整个画面的重要作用而具有典型的统一感。这两种方法往往并不一定是相互消解的，有时可能也是相辅相成的。在设计过程中，始终都是以整体的视野进行观察，寻找造型的类同要素，并且会有序地组织，以便获得一种统一的观感。在平面设计过程中，我们不仅需要依靠对比的原理激发作品中的生命活力，还需要适宜的统一性让作品获得和谐的照应。因此，绝对的对比始终都会把统一当作求得和谐过程中十分重要的支柱和前提。

在设计构成中存在的各要素，包括形态、色彩、质地、空间等，相互之间的关系都感觉非常谐调时，我们就能够充分感受到作品的高度统一性。对设计而言，各种美感要素之间需要遵循的统一原理同样也是非常多的。统一属于一种富有秩序的安排，也属于设计对整体美感进行把握的重要方法与意图。

统一原理基本上是同和谐紧密相关的。在设计表现过程中充分强调统一的相对性往往存在着极为重要的美学意义，就好像古希腊哲学家赫拉柯利特所说："自然是由联合对立物造成最初和谐的，而不是由联合同类的东西。艺术同样也是这样造成和谐的。"由此我们能看出来，统一通常会导致和谐，但是和谐则需要产生差异的对立。平面设计过程中的统一原理往往是以一种相对立的原理作为其基本的前提，进一步去追求作品的统一，实际上这也是追求对比之中的和谐关系。

4. 色彩与肌理

（1）色彩

①色彩表现

色彩通常属于视觉传达设计过程中一个十分重要的因素，色相、明度、纯度往往是人们认识它的极为重要的三个尺度，而对比则属于色彩美学中的核心要素。在视觉传达设计过程之中，所有的色彩必须要在一个较为统一的整体中相配，才可以进一步形成一种既对立又相对比较和谐的色彩体系，这样的色彩魅力通常都会通过对比才能够真正显现出来。换言之，和谐实际上是以对比作为主要尺度的，而对比往往也以和谐为限度。由此可知，视觉传达过程中的配色规律，实际上也会相应地遵循这种法则。

一幅广告，或者是比较倾向于温暖，或者是比较倾向于明朗活泼等，这些色彩倾向的形成，都是由于不同的色彩能够给人们造成不同的印象，从而产生总体的印象。总体的色彩运用如果做好的话，对于广告主题具有极大的烘托作用，能让消费者更容易接受。在设计过程中，我们首先需要考虑的就是产品内容与消费者对不同色彩的喜恶，以此去决定色彩的总体配置情况。如少儿产品，选用的色彩对比度应比较大，同时色彩的纯度要高；对于老年人产品而言，其色彩选择应该是造型比较稳重，色调相对柔和。

虽然视觉传达设计大多是多色的组合，但是想要达到总体的效果，就必须有一种颜色作为主色，否则的话，会显得比较乱，对视觉的冲击力也很低。当然，创造出一个比较理想的色彩效果，其关键就在于对色彩选择和配置方面的运用。

主体和背景之间的关系其实是既矛盾又统一的。在画面中，不仅要有商品主体的形象，同时还要有衬托作用的背景设计。在色彩关系的处理过程中，运用对比的手法还是比较多的。

②色彩平衡

色彩通常具有浓淡、强弱、轻重等多种视觉感，这对于色彩面积的大小会起到十分重要的决定性作用。位置的高低往往可以取得视觉层面上的相互平衡。一般来看，暖色、彩度相对比较高的颜色和冷色、浊色形成一种典型的对比关系时，面积越小，就会越容易获得一种视觉层面的平衡。

③色彩的亮点

色彩的亮点通常是为了进一步强调其中的某个部分，它可以更加突出画面的重点部分，发挥出色彩的视觉冲击作用。亮点一般都是采用一种相对比较小的面积。

④色彩感情规律

色彩通常可以表现出人的感情，在现代社会这已经是一个不争的事实了。不可否认的一点是，色彩的情感表现在很大程度上是依靠人的联想来进一步获得。色彩的象征其实就是色彩联想和情感的深层作用形成的结果，如红色主要代表热情、火焰，而绿色往往代表和平、健康等。虽然上述色彩所代表的是不同的象征，但代表具有普遍性，同时还处于一种持续不断的变化之中。充分利用色彩的象征，才可充分发挥出其比较重要的作用。

（2）肌理

肌理是设计中的视觉元素之一。本书所讨论的很多问题也常提及这个视觉元素，它在设计里具有重要的意义。

任何形象的表面，都有其特征，它可能是光滑的，或者粗糙的，纹理朴素的或具装饰性的。有些凭视觉可看见的，称为视觉肌理；可从触觉感应的，称为触觉肌理。

①肌理的种类

在视觉传达领域，有越来越多的肌理表现手法获得了很好的应用。从总体上来看，它可以分为两大类型，也就是视觉肌理与触觉肌理。

A. 视觉肌理

视觉肌理通常指不需要用手进行触摸，也无需使用身体的其他肌肤部位接触，只需要使用视觉观察就可以很好地感觉到的肌理形式。一般来看,不同的肌理具有不同的线条组织进行表达。因此，要依据想要表现的物品具有的不同肌理、质感等，有针对性地选择各种完全不同的表现工具、材料和表现方法。

B. 触觉肌理

触觉肌理是指既能够使用眼睛观察到，同时还可以用手去触摸。其设计的效果大体上相当于立体设计过程中的浅浮雕。不管采用哪种设计，表面上的物质都可以很好地制作出一种带有触觉肌理的视觉效果。

②肌理的产生

A. 物质结构与肌理

物质的内部构造和组织构成了物质的表面肌理，物质内在的属性及客观性同样也进一步决定了物质肌理的不同形态。物质的组织和结构，经历了从无机到有机、由简单到复杂、由单一细胞到多种复杂物种变化的发展过程，这些组织和构造的变化结果同样也能够直接体现于物质表面的肌理上。生物界的肌理同样也是其组织在形态层面的一次直接反映，生物的细胞组织及基因和遗传创造出了肌理的形态。在自然界之中，肌理同时还属于自然选择与优胜劣汰的直接结果。植物肌理的产生也有其自身的生存方式，如花与叶子上同样布满曲线茎脉，这是为了能够吸收养料而形成的。地质面貌的肌理是由于气候条件的影响而造成的，如热带雨林由于温暖潮湿的原因，土壤和植被变得十分丰富，呈现出来的是一种繁复细密的肌理；而沙漠由于气候比较炎热干燥，土壤非常稀少，没有办法储藏住水分，呈现出的是一种十分苍凉的肌理。

B. 外力的作用与肌理

物体在遭受外力作用的前提下，也能够呈现出各种完全不同的肌理形式，其中主要包括的是由自然力所形成的肌理，物理与化学变化所形成的肌理，人为创造出来的肌理等形式。物体在遭受到外界自然力作用（如风、雨、阳光等）的过程中，会出现形态方面的变化，进而导致肌理发生显著的变化。物理与化学的作用同样也可以导致物体出现肌理上的变化，不但自然界中的物体能够通过物理或者化学变化作用形成各种各样的肌理，在人工材料的处理上同样也能够出现物理或者化学的变化所形成的各种各样的肌理形式。人为的作用通常是指通过人直接或者使用各种工具所产生的各种肌理上的变化。

③肌理的拼合

采用多个视觉纹理拼合在一起，属于一种拼贴的基本手法。拼贴是可直接求得视觉肌理的一种方法,任何平面物料或现成意象,都可以拼贴在同一表面上,构成新的意象,这种手法叫集拼。

覆叠性的集拼往往是把不透明的意象叠合为一体，但是当意象在透明空间中进行层叠的时候，就可能会产生一种比较复杂的视觉效果。

# 第二节　文化创意产品设计的创意表现

## 一、文化表现

文化对于每个人来讲似乎是个很熟悉的概念，比如玛雅文化、饮食文化、酒文化，甚至厕所文化、地铁文化等。文化似乎是一件万能的魔衣，任何生活琐事只要套上它就会显示出庄严的法相。但文化似乎又很陌生：我们不能像把握"苹果"这类物词一样来把握文化，因为文化在这个世界上找不到它的对应物；我们也不能罗列一些"性质"词来描述它的属性，尽管西安的兵马俑、北京的故宫、巴黎的卢浮宫、中国的筷子、西方的刀叉等都属于文化，但是文化也不是个集合名词，如果那样，文化便成为一个人类历史所创造的一切事物的杂货铺。

在英文中，文化表达为"culture"，指培育、种植的意思，暗指脱离原始状态。而在中国，文化则是指"人文教化"，更侧重于用共同的语言文字来规范群体的精神活动和物质活动，将其进行传承、传播并得到认同的过程。如上所述，文化实际上主要包括器物、制度和观念三个层面。而文化创意产品正是通过器物来体现制度和观念，文化创意产品是对现代主义设计和产品发展到极致进而形成千篇一律的国际风格的一种反对，产品的国际风格使整个世界呈现出高度的一致性，世界各地区固有的文化及生活方式正在逐渐消失。而地域文化及人们的生活方式是经过长时间的积淀形成的特定产物，是一种"记忆"和"文脉"，开始受到各地区的高度重视，人们重新审视世界文化与地域文化的关系，更多地关注本社会、本民族的社会文化意义，并将其注入产品之中，从而在器物层面上形成对过去生活方式的一种记忆。

文化创意产品中的文化要素主要包含两个维度，其一是纵向的历史性文化延续，历史性文化即所谓的文脉，英文即"context"，原意指文学中的"上下文"，在语言学中，该词被称作"语境"，就是使用语言的此情此景与前言后语。更广泛的意义引申为一事物在时间上与其他事物的关系。在设计中，刘先觉先生将其译作"文脉"，更多的应理解为文化上的脉络，强调文化的承启关系。文化创意产品中的文化要素能够满足人们对于过往的追忆，从而得到心灵的慰藉，这就如同当城市逐渐兴起，人们离开祖祖辈辈生活和耕耘的土地，住进单元公寓房，但是人们没有忘记土地及耕种的生活方式。在阳台上总会有几个花盆，费尽心思地弄来土壤，种上花草及辣椒、黄瓜、丝瓜、小葱、大蒜等。这就是"种植文化"的残存，残留在人们的血脉之中，一有机会就会发芽。其二是横向的区域性文化传承。20 世纪后半叶，很多设计研究机构及设计公司开始从社会学科中寻找信息和方法，以找到用户与产品的联系，使产品能够传承特定区域的文化，能在产品中反映出特定区域相似的社会环境、文化背景、知识体系和生活经验等。

## 二、创意表现

当下的信息社会、知识经济及文化产业意味着人类生产方式的一次革新，人类创造财富的方式从过去依靠体力劳动逐渐向依靠脑力劳动的新劳动方式转变，同时，将文化信息及知识视为重要的新生产资料，并把人类的创意看作经济前进的主要动力之一。文化创意产品正是在这样的背景之下孕育而生，因此创意成为其关键性要素。

创意在英文中表达为"creat"和"creativity"，所对应的汉语意思为原创性的、创造一种新事物或提出相关的"点子""想法"和"理念"等。就文化创意产品中的创意而言主要是指：依据文化进行创新思维的加工，设计和生产出满足消费者精神和文化需求的产品。所以，文化创意产品中的文化并不是对传统既有文化的一种照搬和简单的复制，而是通过一定经济意识对传统物质文化和精神文化进行再创造，从而适应现代人们的生活方式和审美情趣。

文化创意产品正是通过创意将文化要素融入功能与实用性中，成为可供使用和欣赏的产品。这里的创意与产品设计中的创意有所区别，它更侧重于文化的创意。文化创意产品的创意不单是满足产品的实用功能，更多的是以巧妙的设计、创新、灵感将文化融入产品感性形式及其使用过程之中，使人们在紧张工作之余得以舒缓压力，增加工作和生活的乐趣。

文化创意产品中的创意并非凭空产生的，而是有其具体的来源，主要有以下三个方面：

第一，来自对生活的关怀和理解。对生活的关怀和理解包含亲身经历或个人感悟，或是对美好生活的想象，还有的是听别人叙述的故事、浏览的网页等，都会为文化创意产品的创意注入新鲜的养料。

第二，来自对社会的认知和理解。社会是由具体的个人组成，社会也会以共同的价值观、流行风尚或者一种固定印象影响到每一个人。每一个人对于文化创意产品的选择无疑标榜了一种价值态度和社会阶层定位。因此，文化创意产品的创意必须建立在人们对价值态度和社会阶层的洞悉的基础之上。

第三，来自历史的、地域的文化，表现为一种有关自然地理、风土、人情的文脉，抑或是更进一步的精神层面的信仰、神话、传说等。

## 三、体验表现

文化创意产品除了具有有形的价值以外，还具有无形的体验价值。它如同一幅油画，除了能够让观者产生视觉上的愉悦，还能获得某种体验性心理感受。这种体验性心理感受依据每个人的经历不同而有所不同，因此，它具有潜在性和不确定性的特点。正是因为这种潜在性和不确定性增加了文化创意产品的魅力。

所谓体验，英文表达为"experience"，意指出于好奇而体验事物，感悟人生，并留下印象，这种心理感受能使我们感受到现实中的真实，并在大脑中浮现出深刻的影像，促使我们回忆起深刻的生命瞬间，从而对未来有所感悟。具体到文化创意产品是指用户在使用产品过程中建立起来的纯主观感受，主要体现在以下四个方面：

第一，视觉冲击。视觉冲击是激发文化创意产品体验要素的首要环节，现今的设计越来越强调逻辑、科学和抽象的造型叙事表达，却忘记了通过视觉冲击来刺激大脑皮层，从而引发联想，产生相关的体验。

第二，功能自然。对于自然物而言，功能是与生俱来的。如水的功能存在于其本质的流动性和液态的天然属性，树叶的功能在于其具有叶绿素能进行光合作用。而文化创意产品的功能是一种师法自然，以人在自然界中天然的"人—物"关系为基点来展开文化的衔接和形式的生成。比如，在自然界中人有坐的需求，所对应的产品有千差万别的坐具，如椅、沙发等，但无论哪一种坐具都应该考虑到人自然放松坐的状态，从而昭示出自然坐的体验。

第三，方式合理。文化创意产品的使用方式，是沟通产品和使用者的纽带，方式合理主要体现在要让人们能够读懂产品。文化创意产品解读与欣赏的操作，要和习惯性认识形成一种文脉联系，以便勾起对过往美好经历的回忆。

第四，内容切合。文化创意产品所附加的文化性内容通过叙事性的设计手法在产品的"移情"中得以实现，达到"抒情的创造和写意的表达"。同时，所附加的文化需要和产品的功能及使用环境的文脉相切合，使体验能够顺利的展开和生长。

## 四、符号表现

象征是人类独有的行为，主要指用具体的事物来表示某种抽象的概念或思想感情的行为，它通过使用象征符号来实现象征意义的表达。创造符号是人类与动物的重要区别之一。特别是在人类进入大众传播时代以后，以报纸、杂志、广播、电视、网络等为代表的现代大众传媒，运用先进的传播技术和产业化的手段，每时每刻向人们进行大规模的信息生产和传播活动，使我们的生活环境到处都充满着象征性符号，比如某人穿一身蜘蛛侠的衣服，这套服装不仅有蔽体保暖的功能，更重要的是它能表明对于《蜘蛛侠》电影的态度。

在现代传媒的推动之下，产品的符号意义往往比操作、性能等产品本身相关的内容更需要设计师去揣摩和挖掘，文化创意产品之所以能被冠以文化，也是因为其应用产品的造型来表达一种文化内涵，从而使该产品成为承载该种文化的符号。

人与人之间的交流是通过语言、眼神、手势等来完成的，物与人之间的沟通是通过符号产生的。人们在创造产品功能的同时，也赋予了它一定的形态。而形态可以表现出一定的性格，就如同它有了生命力。人们在使用产品的过程中，会得到各种信息，产生直观的心理感受及生理的反应。而文化创意产品正是利用各种创意方法来创造产品形态和产品的使用环境，传达出一种文化。文化创意产品的符号性能够表达出以下三个方面的文化意义。

第一，对于流行审美文化的符号表达，消费者通过文化创意产品的造型特征形成感性认识，从而产生相对应的知觉和情绪。在相同地域的同一时期，人们对于美丑、稳重、轻巧、柔和、自然、圆润、趣味、高雅、简洁、新奇、女性化、高科技感、活泼感等流行审美文化有着相同的理解。消费者的这种感觉和情绪也会随着社会文化的改变而变化。再如，当通用汽车以彩色轿车取代了福特的黑色轿车，当人们看到满街色彩缤纷的轿车疾驰的时候，就会想拥有一辆黑色的轿车，这是否更能体现这种变化的微妙之处。

第二，对于消费者自身文化符号认同的表达。这种自身文化符号认同的选择受到消费者自身学识、修养、品位等的影响，表现为一定的生活品位、思想水平和艺术鉴赏能力。而文化创意产品正是借助其与环境相互作用之后产生的特定含义，来满足消费者对于流行时尚、社会价值观或者某种固定印象的追求。

第三，对于历史文化、流行文化或是某种特定文化的符号表达。文化创意产品通过自身的叙事抒情表达特定的情感、文化感受、社会意义、历史文化意义，或者仪式、风俗等文化和意识形态相关的意义。文化创意产品的这些内涵通过图腾、吉祥物、标志、特定图案等组合进行表达。

## 五、审美表达

"美"可能是一种感官的愉悦或生理的满足，也可能是一种赞赏心态的流露或个人趣味的偏好。而文化创意产品的审美更侧重于后者，是人们物质生活水平达到一定高度之后，人类有目的有意识地对"真、善、美"的追求。这种追求是以"感性"作为中介，脱离了那种基于物质与利害关系的理性判断从而真正回归到关于生活意义和生命价值的自我意识的彰显。文化创意产品的审美要素主要包含以下三个方面：

第一，形式艺术美。文化创意产品的审美离不开感性因素。由点、线、体、色彩等构成了文化创意产品的形式，这些形式构成关系的艺术性能够与观者内心深处的节奏、韵律、比例、尺度、对称、均衡、对比、协调、变化、统一等形成一种同构关系，这种直观感受与内心情感的同构产生移情，从而与消费者的趣味与审美理想相融合。

第二，功能材料美。文化创意产品的审美离不开功能材料的合目的性，文化创意产品的功能材料美是产品给人的舒适感和心理满足，这里的功能材料美就与产品的功能实用性等物质层面相区别，是一种审美价值的表现。

第三，文化生态美。文化生态美不只是表现出人与自然的和谐，更体现着生活方式及社会生活的脉络与系统。文化创意产品的文化生态美主要植根于人们对于传统的一种向往，比如工业社会给人们带来的高速、效率及身心的疲惫，使人们希望能够实现对传统田园牧歌的回归，在审美的状态中回归人类的精神家园。

# 第四章 文化创意产品的思维模式

## 第一节 创意思维的基本原理

### 一、打破传统的思维

"思维"是一个使用率越来越高的词，特别是经常和创意联系在一起。什么是创意思维？"创意思维"是一种打破常规、开拓创新的思维形式，创造之意在于想出新的方法，建立新的理论，做出新的成绩。

设计思维的核心是创意思维，没有创意思维就没有设计，整个设计活动过程就是以创意思维形成设计构思并最终生产出产品的过程。但是真正实现"创意"还需要相当长的一段路要走。因为任何创新都需要一个良好的社会环境，而我们长期生活在一种固定的体制下，头脑中充斥着各种守旧思维。比如，认为现在的产品和技术已经完善，不需要再创新；怕失败，怕别人嘲笑；习惯按老规矩办事；只愿意跟着别人干，不愿意自己创新；认为这种改变太激进了；成本太高了。

在这种传统的社会价值观的引导下，人们感到一切变动都不必要，一切创造性都是坏的。我们应该意识到传统不是用来打破和超越的，而是用来延续和拆解的，认识到延续比打破更为重要。大家经常提到"我们知道的，他们早就知道了""总以为自己是独创，但是其实前人已经做出来了，而且做得比自己更好"的观点。所谓传统的压力和张力便在这里了。严格地说，可以看成自己特有的东西几乎是微乎其微的，任何单凭特有的内在与自我去面对无限的世界都会是无止境的摸索。人类史上最伟大的发明是什么？答案竟然是轮子。为什么？因为从第一个轮子被设计出来以后，它的基本外形就没有变过。但是类似于轮子这种近乎完美的创造性设计实在是太少了，大部分的设计都还在改良。针对现有事物的材质、用途、尺寸等进行调整，所需的脑力不亚于新发明，有时候甚至会比新发明还耗费脑力。所以，在做产品设计的时候只要能表达一点点的不同，就有体验不尽、创作不尽的材料了，而且时常是新鲜有力的东西。

"众里寻他千百度，蓦然回首，那人却在灯火阑珊处。"这是我国古代词人辛弃疾的词句。他用很美的语言概括了一个人苦苦找寻另一个人，很久都找不到，谁知道原来那个人就在他的背后，只是自己一直都没有回头而已。这也是由我们的思维定式造成的，我们思考问题总是沿着一个方向、一条路走到头，从来没有想过会从另外的一个方向来思考这个问题。

## 二、创造性与再创造性

我国的大学教育受传统文化的影响非常明显。我国所推行的知识教育更多的是培养人们从事非创造性的"再造性"活动的能力。而独创力的培养属于能力开发的范畴，即培养人们面向未来，从事具有创造性质的开拓性工作的能力。一般说来，如果一项活动只是依靠吸收、模仿、学习等重复的过程，而不具有某种变革和突破，则属于再造性的活动。再造性活动是一种基本上利用现有的知识和经验，或者只做一定程度的调整就能完成的活动，其特征是遵守规则、规范，不许节外生枝、随意改变。再造性活动占人类活动总量的绝大部分，它量大面广，与绝大多数人休戚相关。比如，常规生产、各种工艺要求以技术文件等形式下达给操作者，操作者严格执行，这样才会生产出与标准样品完全一样的合格产品。在农业生产中，人们日出而作、日落而归，春播、夏作、秋收、冬藏，年复一年，代代相传；会计工作中的设置账户、复式记账、审核凭证、登记账簿、成本计算、财产清查、编制会计报表等都是绝对规范而统一的。从某种意义上来讲，再造性活动的实质是追求"把事情做好"，而创造性活动追求的则是"做最好的事"。但是在一般情况下，任何创新都要承担一定的风险，即使一个小小的创新的想法，也有可能让你在众人面前丢脸，或者考试不及格。面对这些问题，还有多少人能够有创新的勇气？这就是为什么我国有这么多的设计学院，每年培养出那么多的毕业生，但中国的设计始终不能走向世界的原因。

## 三、扩展创意思维的视角

### （一）肯定的角度

当面对一个具体的事物或观念时，首先要肯定它，认为它是好的、正确的。特别是在对待儿童的教育问题上，这种肯定的态度会为你带来非常积极的效果。就如《小王子》中的主人公，如果大人们在看他的那幅画时给予足够的支持和鼓励，也许主人公会坚持画画，长大后成为一个画家。美国的一个心理学家曾经做过这方面的实验。他在一所大学里选了一个相貌平平，成绩一般又很自卑的女学生作为实验对象。这个心理学家和这个女学生周围的人约定好，在三个月之内每个人都要把这个女学生看成一个成绩优异的美女。刚开始，这个女学生感到很不自在，觉得是自己出了什么问题。但三个月过后，她真的变成了一个对自己充满自信的成绩优异的学生，她的外貌虽没有改变，但所有人都觉得她变漂亮了。从这个实验可以看到肯定的力量。

### （二）否定的角度

"否定视角"与"肯定视角"相反，否定也可以理解为"反向"的意思，就是从反面和对立面来思考一个事物。即把事物或观念认定为错误的、坏的、有害的、无价值的等，并在这种视角的支配下寻找这个事物或者观念的错误、危害、失败、缺陷之类的负面价值。

从反面来考虑事情，或者颠倒过来考虑，会产生意想不到的创意。

1901 年，在伦敦某个火车站，一个关于除尘器的公开表演吸引了不少人。人群中有一位叫赫伯·布斯的英国土木工程师看得最起劲。这种除尘器除尘的方法很简单，就是将灰尘用力吹走。虽然灰尘被吹走了，但是全吹到路人的身上了。人们乘兴而来，败兴而归。回到家中后，赫伯·布斯冥思苦想：吹尘不行，那么反过来吸尘行不行呢？他用手帕蒙住口鼻，趴在地上用嘴猛地吸了一口气，再一看，手帕上吸满了灰尘。于是，吸尘器问世了。厨房里的抽油烟机，同样也运用了这样的原理：电扇反转，就能抽走厨房里的油烟。而日本设计出了一款"反复印机"，这种复印机和传统的复印机完全相反，被复印过的纸张通过它后，上面已有的图文会消失，会重新还原成一张白纸，既节约了资源又创造了财富，是一个非常好的设计。

### （三）传统的角度

每一个社会、国家都有其历史，因而形成了各自不同的独特文化。在设计的时候如果能够从自身的文化出发，就有可能设计出更有内涵或更有特色的作品。

同样都是花瓶的设计，可以看到不同的文化背景对设计师的不同影响，从而影响设计师的思维方式，产生不同的设计作品。

### （四）相同的角度

任何事物或观念之间都有或多或少的相同点，在设计时抓住这些相同点，便能够把许多看似毫不相干的事物联系起来，从中发现新的创意。

日本一家专门经营文具用品的小公司，生意一直不好。公司里的一位新职员发现：顾客总是一次要买几种文具；小学生的书包里也总是乱七八糟地放着钢笔、铅笔、尺子、橡皮擦等用品。于是，她就想能不能把各种文具组合起来一起卖呢？她把这个想法告诉了老板。后来这个公司精心设计了一个盒子，里面装了五六种常用的文具。结果这种"组合式文具"大受欢迎，在一年之内卖出了300多万盒，使公司获得了意想不到的利润。

### （五）相异的角度

"世界上没有两片完全相同的树叶"告诉我们，由于每一种具体事物都有无限多的属性，所以任何事物之间都不可能完全相同，都可以找到差别。相异视角就是抓住这些区别来进行新的设计。随着市场竞争的日渐激烈，各类商品丰富起来，现在买东西的选择性越来越多、越来越大。那么，怎样才能使商品从市场上脱颖而出呢？这就要求商品必须有特色，才能吸引顾客。东京有一家手工装饰品协会，专门制作形状各异的胸针，全是手工制造，每一枚胸针都不完全一样，因此吸引了很多女性消费者。

同样的东西，如果使用的材料不同，就会产生不同的效果。把不同的材料运用在服装中会让人产生耳目一新的效果。比如，用不同的材料来代替凳子、桌子的一些组成部分，也能产生独特的效果。

### （六）个性的角度

我们观察和思考问题的时候往往喜欢以自我为中心，从自己的想法、自己的需求、自己的喜好等入手来进行设计。而在以自我为中心的例子上，艺术家是最自我的。所以，有时候他们设计的东西因为自我而与众不同、个性鲜明，受到大众的喜爱。

# 第二节　灵感思维的重要性

## 一、灵感思维的概述

灵感是人们借助直觉启示而对问题得到突如其来的领悟或理解的一种思维形式。它是创造性思维最重要的形式之一。灵感的出现不管在时间还是空间上都具有不确定性，但灵感产生的条件则是相对确定的。它的出现有赖于知识的长期积累，有赖于智力水平的提高，有赖于良好的精神状态和和谐的外部环境，有赖于长时间紧张的思考和专心的探索。

灵感思维的过程即灵感的闪现，是通常所说的"顿悟""豁然贯通"。它不同于一般念头的闪现，除了具有瞬息性外，还有直接或间接的目的性，常常是针对一定的问题而出现，并使问题得以澄清或解决，既要达到顿悟的"悟"，又要达到豁然贯通的"通"。没达到"悟"和"通"的念头闪现，诸如突然想起某件事或某个人等则不是灵感。

灵感思维是抽象思维和形象思维的一种特殊表现形式，是抽象或形象思维活动发展到一定阶段的一种激烈的跳跃和升华。

## 二、灵感思维的特征

### （一）突发性

灵感思维的特征首先表现在它的突发性。灵感思维不同于一般的由感性认识积累上升为理性认识的思维过程，它是一种突然迸发的顿悟，通常是在一种不经意的情况下突然发生的。它何时发生或是由什么而触发往往带有很大的偶然因素，是不可预期的。灵感思维在发生的时间和表现的状态上都具有突发性，它常常在人们最意料不到的时候发生。灵感出现的形式也十分偶然，究竟会以"顿悟"还是"渐悟"的方式出现，谁都无法预料。创作者自身的精神状态、外界的环境气氛都有可能对灵感的发生产生影响。创作者在冥思苦想时它可能始终不出现，然而在进行无意识的活动甚至在睡梦中或半梦半醒的状态下却会突然到来，抑或是被某些熟悉或不熟悉的事物瞬间激发。

灵感思维所带来的效果是意想不到的。它是认识上的一种突发和跃进，一旦迸发，就如同突然打开了封闭的闸门，许多之前并未意识到或察觉到的信息和思绪就会瞬间涌现出来，成为灵感。灵感一旦触发，就会像一道闪光瞬间点亮创作者的思路，使之顿悟、理解，往往连当事人自己都会感觉到灵感出现的突然。

灵感思维的出现是不期而至、突如其来、稍纵即逝的。突发性是灵感思维最突出的特点。灵感是一种突如其来的对问题的理解和顿悟。从时间上看，灵感什么时候出现；从方式上看，灵感怎样出现；从诱发机制上看，灵感是由什么事物刺激而产生的，这些都是难以预知的。灵感出现之前，没有任何迹象或征兆，它既可能在连续的思考过程中突然降临，也常常以机遇的形式在多种多样的情况下戏剧性地发生。

## （二）被动性

灵感的发生具有被动性，它往往不受思维主体控制，受什么东西启迪而触发或是何时会出现都不是创作者自己所能决定的，而是具有很大的偶然性。灵感思维与通常的自觉性思维不同。自觉性思维是人脑自觉的思维活动，是一种有意识地促成思想从感性认识向理性认识飞跃的过程，整个过程由思维主体自己掌握。相反，灵感的孕育不在意识范围之内，而是在意识的范围之外，在潜意识。它不具有规律性，它的出现往往不在创作者的控制之内，而是发生在意料之外，因此很难被创作者所掌握。创作者自己无法决定何时产生灵感或如何产生灵感，他们在灵感面前往往处于一种被动的地位。

事实上，灵感的发生是创作者长期积累和反复思考的结果，对于单个的人或单一的事件来说，偶然性确实可以说无时不在，无处不在。然而，所有偶然性的东西其实都处于历史的联系之中，处于历史形成的因果关系之中。事物的联系是多方面的。事物的形成，有其远因，也有其近因，有其主因，也有其助因。创作者虽然无法决定灵感何时产生，却可以充分发挥主观能动性，主动地为灵感的发生营造良好的思维环境，有意识地培养自身的灵感思维能力，从而有效地诱发灵感。

## （三）模糊性

形式的模糊性是灵感思维的一个重要特征，正因为其模糊性，灵感才一度被认为是神秘的、不可知的。由于灵感思维是非逻辑性、非线性的自由发散的思维方式，其整个过程必然带有模糊性的特征。这种模糊性是由灵感思维的突发性所决定的。正因为灵感思维是在突然间发生的，人脑中所获得的认识是跳跃式的，因此它不可能像循序渐进的逻辑思维那样清晰和严密，有时在细节上还很粗糙，所以不可避免地带有模糊性的特征。

一般而言，人们的语言表达必须符合逻辑规则、有条理，这就决定了人们难以用精确的语言对灵感的发生过程进行准确的描述，而只能采用模糊性的表达，有时甚至连创作者自己都无法说清灵感是怎样产生的，只知道灵感产生的结果。

## （四）独创性

独创性是优秀艺术作品的重要特点。一件创作如果墨守成规、毫无新意，那么它的价值就会大打折扣。文学艺术的创作追求独创性，而独创性在相当程度上得益于灵感的产生。由于灵感将通常的心理定式和传统思维完全打破，因此有着特殊的表现能力，同时不可复制也无法模仿。凡是有灵感思维参与的艺术创作活动，都具有非线性的独创性，这是灵感思维的本质特征。灵感思维与一般思维的一大区别就在于所获得成果的新颖性和独创性，同时独创性也是灵感思维独特的科学价值、艺术价值和社会价值。灵感思维的创造性表现在其获得的结果往往是出人意料的、新颖的认识,也就是说灵感思维常常可以捕捉到一般思维所难以获得的独特的思想成果,有着画龙点睛的超乎寻常的创造能力,能够创造出新的价值或提供新的解决方案。古今中外的文学家、艺术家的"神来之笔"都表明了灵感所具有的独创性。同时,灵感作为一种完全私人的思维方式,因为其突发性和不可控制性,因此不可能被他人模仿。正因如此,灵感才成为艺术创作中万年不衰的智慧之花。灵感的发生有时甚至可能创造出一个新的流派或开拓一个新的审美领域。

## 三、触发灵感思维的类型

### (一)外因型灵感

外因型灵感是激发灵感产生的信息来自外界的偶然机遇的灵感。根据激发信息的种类不同,外因型灵感可分为现象诱导式灵感、实物启示式灵感、语言点化式灵感、书画启迪式灵感和情景触发式灵感五种。

#### 1. 现象诱导式灵感

即触发信息为现象的灵感。因某种现象的诱导而产生灵感,是灵感产生最为普遍的一种形态。科学家在长期探索之中因某种寻常或奇特现象的诱导,以前百思不解的难题就会迎刃而解。例如,阿基米德洗澡时受水溢出浴盆这一简单现象的启发,既找到了鉴别王冠是不是纯金的办法,又建立了浮力定律;伽利略在教堂里受吊在顶棚上的油灯因风吹而摆动现象的启示,发现了摆的等时性原理;由苹果落地这一平常现象的诱导,牛顿想到了地球对苹果的吸引力,从而发现了万有引力定律等。

#### 2. 实物启示式灵感

即触发信息为实物的灵感。在这种灵感里,触发物与创造物的构型或外形几乎完全一致,因此已经有充分准备的研究者一旦接触到这些事物,通过移花接木,就能直接由客观原型获得新发明的设计构思。

#### 3. 语言点化式灵感

即在交谈、讨论或学术交流中偶然得到某种外来闪光思想的提示而引发的灵感。由于每个人的文化程度、知识结构、理解能力等各不相同,思考问题的方式、特点和思路也会互有差异,因此在相互交谈中,不同的思路、不同的思考方式和特点互相融汇、交叉、碰撞或冲突,就能打破和改变各人原有的思路,使思想产生某种"飞跃",迸发出灵感的火花来。

#### 4. 书画启迪式灵感

即触发信息为文字和图画等的灵感。例如,伏打阅读伽伐尼有关青蛙腿带电的论文后感到十分惊奇,"动物电"触发了他的灵感,发明了伏打电池;达尔文和华莱士偶然阅读马尔萨斯的《人口论》,悟出了自然界生存竞争的规律和机制;李斯特"外科手术消毒法"的创立,得益于法国微生物学家巴斯德的《细菌是生物体腐烂的根源》的实验报告；魏格纳住院时阅读世界地图，产生了大陆漂移的最初想法。不少科学家在紧张的工作之余，总爱浏览书刊、报纸、画册等，既是消遣休息，又能了解有关动态，有时还有意外收获——触发灵感。

### 5. 情景触发式灵感

即触发信息为某种生动、鲜明、富有新意的情景的灵感。例如，布什内尔傍晚在海边欣赏落日余晖下的海景，由观看鱼在水中游弋而触发了灵感，萌发了制造潜水艇的念头，后获得成功；威尔逊在山顶上欣赏云蒸霞蔚的雾景及美丽的光环时，灵感顿生，后来模拟云雾制成了云雾室。不少有经验的科学家都喜欢在长时间的紧张思考之后让大脑暂时松弛一下，往往爱到风景优美的地方散步、休息。而幽静、美好的环境，能使人感到心旷神怡，更易触景生情，触发灵感。

## （二）积淀型灵感

积淀型灵感指激发灵感产生的信息来自大脑内部的意识积淀，而不是借助外界事物的刺激，从而使长期冥思苦想的问题得到解决。当然，这并不是说积淀型灵感的产生不需要外界条件。这种有创建和突破性的灵感常在恬静的书斋、幽雅的庭院、空旷的山谷或与其相反的凶恶危险、惊奇的梦境等条件下才能产生。虽然这些环境不直接参与分析过程，不作为思维要素出现，却是这类灵感得以实现必不可少的客观条件。根据灵感活动的特点不同，灵感可分为自由遐想式灵感和梦幻显灵式灵感两种。

### 1. 自由遐想式灵感

即大脑在轻松状态下，不经意产生的灵感。例如，15 岁的爱因斯坦偶然想到一个问题：如果我以光速追踪一条光线，将会看到什么呢？若干年后，这个古怪的想法又引出另一个稀奇的问题：当我这样做的时候，我自己与另一个站在原地不动的旁观者对这件事情是否有同样的感觉？这种自由遐想导致 1905 年相对论的诞生。现代分子生物学中 DNA 双螺旋结构的发现也是自由遐想的杰作。沃森就曾在《双螺旋链》一书中描述了这一发现的由来，有一次他的"手指冻得没法写字，只好蜷缩在炉火边，胡思乱想，想到一些 DNA 链怎样美妙地蜷缩起来，而且可能是以很科学的方式排列起来。"又有一次，他"在户外欣赏番红花，至少还能希望出现一种美妙的基本排列"，他说："有时，在刹那之间我会发生恐惧，生怕这种想法太巧妙、可能有错误时，便常和另一位发明者克里克一起互相告慰说如此美妙的结构一定存在。"果然，这个美妙的模型开创了分子生物学的新篇章。自由遐想的主要特点是反常规、反定论，特别是当这种设想离现实比较遥远的情况下，往往更不被世人所理解。

### 2. 梦幻显灵式灵感

即在梦幻中所产生的灵感。常言道："日有所思，夜有所梦。"梦境有助于触发灵感，但梦只会帮助"日有所思"者，尤其偏爱百折不挠者。中国的高歌在梦中被人开导，发现了保持喷气发动机燃烧稳定性的上限和下限，攻克了国际航空理论一大难关。凯库勒梦见一条蛇咬住了自己的尾巴，形成一个环形，因而发现苯分子的环状结构。

灵感思维无论在科学研究还是现代技术领域中都具有重要的意义。技术发明的关键环节是提出创新性的设想。在现代技术方法中，无论是原理应用型技术方法、移植型技术方法、综合型技术方法还是革新型技术方法等，都有灵感在起作用。可以说，灵感思维是产品创意设计中很重要的一种形式。在产品设计过程中，人们通过灵感思维的形式使百思不解的问题迅速得到解决，并可以由此做出创意十足、推陈出新的产品。

# 第三节　加法思维与减法思维并重

## 一、"加"和"减"在产品设计中的意义

工业设计的过程是解决矛盾和寻找解决问题多种可能性的一种过程。在产品设计的流程中，应用"加"与"减"的思维既是一种逻辑方法，也是一种设计艺术。产品设计不应墨守成规，而应该从用户的角度出发，对产品的外形、功能、界面等方面进行有增有减的改变。"加减法"绝对不是单纯功能的添加和摒弃，尽管功能是用户最看重的因素之一，而应该准确地落实到对象用户的真正需求上。设计应以人为本，加减之艺也应如此，将产品中"人"的分量加一点儿，机器的分量减一点儿，逐渐使机器与人产生最大的共鸣。

良好的设计在传达出产品信息的同时，还能透露出设计者的匠心独运。一个优秀的解决方案善于用减法来归纳提炼任务的精髓，而不是用加法来增加用户的认知负担。尤其是在信息、图形、功能、色彩过度饱和的今天，产品设计的灵魂在于如何尽可能地减少和筛选，将各要素进行更为恰当的简化组合。产品设计中"加"与"减"思维落实到产品本身时，具体对应的是产品中的"多"与"少"。这种加减与多少之间的对应关系并不是绝对的，死板的加法有可能降低产品价值，而巧妙的减法也可以增加产品价值。加减之术，正如我国道家文化中的正负盈亏之说，是一门值得深究的设计艺术。

## 二、加法思维的运用

### （一）功能上的加法

产品对于消费者最重要的信息就是功能，功能一般包含必要功能和次要功能。功能的划分不是绝对的，而是根据用户需求来界定的。大部分用户都需求的功能称为必要功能，它是决定产品价值的最重要的指标；只有少许用户用得到或者完全用不到的功能，称为次要功能，也叫多余功能，它虽然不是必要的，却是产品区别于同质化的重要手段之一，也是产品附加价值体现的一个途径。

加法设计在产品功能上的应用分为两种情况。一种是必要功能的叠加，这种设计一般具有融合性，即把两件或者多件产品的主要功能集合在一件产品上，以达到设计进化、节约资源、抢占市场的目的。比如，全自动洗衣机的设计，将洗衣桶和甩干桶合二为一，实现了洗衣功能和甩干功能的叠加，其他还有多功能刀具等。另一种是次要功能的叠加，这是最常见的加法设计之一，产品的必要功能在同类产品中都具备，这时候消费者选择购买时就会权衡产品附加价值的分量，因此产品次要功能的加法设计是不容忽视的。比如，多功能电饭煲的设计，电饭煲

的必备功能是做饭，这是所有电饭煲都具备的，而其他次要功能（预约定时、多种类蒸煮、倒计时等）的设计对于提升产品的附加值起着决定性作用。

但应注意的是，功能的加法不应是泛滥、无节制的，有时候不得当的加法看似给产品增加了功能，实则损害了产品的基本属性，反而是有害的设计。据有关数据显示，如果产品的功能叠加不是建立在准确的市场需求调查基础上，而是一味地迎合部分消费者和小众群体的需求，粗放地把多种功能集合在一起，不仅会增加产品的生产成本，还会造成社会资源的严重浪费，降低产品的价值。如对大多数手机用户而言，手机只是简单的移动通信工具，方便、快捷、通话质量好就足够了，没有过多的功能要求，如果设计师不分对象，一味迎合时尚，将手机全部设计成多功能的时尚手机，必然会在成本提高的同时造成功能的极大浪费，反而降低手机的价值。因此，在做功能加法设计的时候，特别需要注意"功能合适"的原则，以理性的态度处理设计灵感。

### （二）造型上的加法

产品造型是关乎产品质量的关键，也是消费者选择同类产品时的一个重要参考标准。如今同质化设计极其严重，产品缺乏个性化，而功能和产品的内部构造等因素不足以引起消费者的重视，这时候造型的作用便显现出来。调查数据显示，用户选择同类商品时，在产品功能和价格相差不大的情况下，外在造型是影响用户购买欲望的最大因素。因此，设计者在进行产品设计时除了要权衡产品功能与造型之间的关系外，还应站在普通用户的角度审视造型的美与丑。

造型与产品整体形象密切相联，造型设计并不是杂乱无章的，在产品设计中合理运用"加减"思维来进行造型创意是一个极其重要的过程。

第一，堆叠：两个或者多个原本分开的个体进行有机融合，形成一个个体。叠加的造型通常具备独立体的部分特征，叠加之后又产生了新语意。常见于工程类功能性为主的产品设计案例中。

第二，融合：通常是产品的细节部分与整体的融合，形成渐变的凹凸面或消失面，融合边缘一般较柔和，用来放置功能模块，如产品的按键、音量孔等。常见于局部细节融入整体的设计中。

第三，过渡：常通过倒圆角的形式或者第三种形态来过渡两个主体，其目的是为了让主体之间的衔接更加自然和柔和。出于安全性和造型美感上的要求，常见于多个大小相当的主体之间的衔接过渡。

第四，包裹：可以是面包裹体，也可以是体包裹体，是营造整体感和层次感的一种造型加法，常见于表现有外观韵律的产品设计中。

### （三）材料上的加法

材料作为产品设计的基础，是产品的功能、形态、结构的力学支撑物质，是消费者与产品交流的重要媒介，也是影响消费者所处环境的重要因素。用户对于产品材料的需求，不仅体现于产品的外在实体形态在材料的质感、色彩及易用性等给予用户的功能与精神需求的满足感，也体现在用户对于产品与自然社会的和谐发展需求。在产品设计过程中确定用户的需求，选择恰当的材料不仅可以提高产品的易用性，提升产品的审美特性，也能改善产品对环境的影响。

这里所说的材料上的加法主要针对两个方面。其一，体现在材料本身上。传统材料固有其优点，但短板也很明显。随着科技的日新月异，新型材料不断问世。新材料突破了传统材料的界限，是根据人们的主观意愿来进行物理改造、化学加工、性能设计等手段研制而成的。在产品设计中，合理地利用新材料能有效地解决设计矛盾。其二，体现在产品本身上。能满足产品功能需求的材料往往不止一种，加法思维的关键点在于通过多向比较，对单个材料进行替换、增加、间隔使用，以达到增强产品性能的目的。如藤椅，有的用强度大的金属材料代替传统藤椅的骨架，周围再环绕上粗藤，既保留了藤椅的古朴特色，又增强了其耐用性。

用户对产品需求的构建通常建立在用户对材料的视觉、触觉甚至是嗅觉性能的支配上。人们在选择商品的时候经常会用看、摸、听，甚至是闻来判断一件产品是否满足其需求，因此材料和工艺的组合会直接影响人们和产品的这种互动及人们由此产生的经验。

随着现代科学技术的发展，新材料、新工艺的出现不断拓展了新的视觉形式，对产品形式的设计也带来了无限的发展空间，同时满足了用户不断增长的需求。恰当的材料工艺设计可以满足用户对于产品的视觉美及良好的产品感的需求，也可以满足产品的生态设计要求。在全球气候日益变暖的今天，人类越来越能感受到现代科技文化所引起的环境及生态破坏带给自己的伤害。所以在产品设计过程中，在满足用户对产品的基本功能需求的基础上，如何选择对环境影响更小的材料，强调产品的可持续设计，实现人与自然的高度和谐发展就成了用户对产品日益强烈的需求。

材料的加法设计主要是为了达到产品与环境的和谐相处，减少产品对资源的消耗和对环境的污染。设计者在面对多种可供选择的材料时，应优先考虑来源充分、对环境友好的材料，以最小的资源代价实现最佳设计效果。此外，在设计中巧妙地对日常生活的一些材料进行合理组织与循环利用，也将对社会呼吁的绿色产品设计起到意想不到的效果。废旧书籍经过加工后做成的花瓶、灯柱和凳子等，不仅造型优美，实用性也非常强。

在产品材料设计过程中，以用户需求为驱动不仅可以使产品更好地满足用户对舒适、有效、易用及审美的需求，也可以满足其对产品的环保设计需求。所以，设计师应加强对材料物理特性与感觉特性的理解与认识，对材料进行合理的配置、组织，在设计中优先选用对环境友好的材料，这样才能将设计构思转变为满足用户需求的优秀产品。

## 三、减法思维的运用

随着设计的深入，设计者往往会产生许多新想法和新观念，如果把这些新想法全部放到产品中去，虽然会使产品看起来拥有强大的功能和设计感，但对于一个产品而言，集合了太多想法并不是一件好事，特别是对于一些超前的、小众化的功能，盲目地添加进去反而会让用户产生疑惑和困扰。因此，在设计产品时，很多时候需要考虑的并不是要增添什么功能，而是给产品做减法，去掉那些无谓的功能和装饰，简化操作界面，使用户对产品的定位和使用一目了然。

"简单"和"简洁"是两个不同的概念。简洁更多的是一种可以肉眼所见的，设计风格更注重于界面；而简单则是一种难以被直接看到的，贯穿整个产品的设计理念。把一个产品复杂化不难，把产品简洁化才是设计者功力的体现，如高凡的设计作品爵椅与刘斌奇的设计作品如意椅。

再比如很多高科技仪器，其操作界面繁杂凌乱，遍布的功能键使普通用户望而生畏，这种设计是失败的，因为设计者或者工程师站在自己的角度上能明白如何使用产品，但忽视了大部分普通用户是没有这方面专业技能的，是自私的设计。减法设计的任务就是让咄咄逼人的功能界面简洁而又完整，用户不需要花费太多的精力就能上手。

如果一个产品拥有太多的功能、按键、界面，用户将会陷入困扰。说到底，一件产品是为了解决某一个或者少数几个问题存在的产物，不是为了解决所有问题而存在的。在设计时，一切分散用户注意力的功能、按键、颜色等元素都应该减去，以还原产品的原始定位。

## （一）功能上的减法

相对于加法设计，给设计做减法更为不易和难能可贵。数学上的减法是一种运算方式，对应"少"的结果，指在原有的数量中去掉一部分。引用到设计领域，减法设计的思想是为了追求"少"的结果，但这种"少"不是数量意义上的少，而是为了更突出设计的好。减法设计主张将一切与产品价值无关的元素剔除，在保证产品能满足用户实际需求的基础上浓缩设计，用极致简洁的元素达到设计目的。减法设计并不是说让设计走上廉价的道路，以削减产品应有功能为代价来实施这一理念，而是去掉复杂的装饰性元素，使设计风格简洁雅致，正所谓"大道至简"，让用户体验简便易懂。设计者在做功能减法的时候面临的一大挑战是，怎么样才能在保证产品拥有强大功能的同时又使产品具有简洁的外形和简便的操作界面。

在产品功能越做越多、越做越复杂的当今，用户使用产品时承受的负担也越来越重。浮夸的设计背景下，设计者总是竭尽可能地给产品做加法，把各种各样的功能结合到一件产品上，试图让它满足所有用户的消费需求，而实际情况是很多时候这些功能都是闲置的，这些繁杂的功能堆积不仅没能给用户带来便利，反而增加了产品的制造成本，造成了社会资源的浪费。当这种设计成为累赘之时，用户负担加重，势必会淘汰它。给设计做减法，需要设计者冷静、批判地审视整个产品，让设计回归到本真状态。

我们不需要一味地钟爱高科技来给产品增加无用的多功能，也不能以牺牲必要功能为代价来换取简洁精致。功能的加法累计是有节制的累计，减法也是有目的性的去除。

## （二）造型结构上的减法

造型加法设计主要表现在产品元素的多元化和堆积，使产品更富层次感与功能导向；造型减法设计则更注重产品的虚实对比和整体效果的通透，力求使产品显得更大气与紧凑。常见的造型减法有以下几种方法：

第一，切割：划分产品局部空间的塑造方式，注重细节与美感的协调。切割有面的切割和体的切割，如屏幕、按键等，适合塑造细节功能区。

第二，旋转：在基本形态的基础上，按照操作需求或审美导向进行旋转扭曲处理，常见于塑造有动感和活动的产品造型设计中。

第三，挤压：在基本形态上压出凹陷形态。适合挤压出接口位或者按钮等操作引导区的细节，如电脑的 USB 接口。

第四，拉伸：和挤压类似，也是在基本形态柔软可变的时候，用拉伸的方式塑造出功能空间和强度细节，达到柔美的造型效果。适合拉伸出功能区与按钮等操作区，拉伸的造型在产品中具有比较强烈的产品语义引导性。

第五，折叠：来源于从 2D 艺术（折纸）中提炼 3D 造型素材的灵感，主要用于塑造产品硬朗和富有韵律的外观效果，多见于雕塑设计、前卫产品设计中，是一种能引起用户强烈视觉冲击和情感共鸣的造型方式。

## （三）视觉界面的减法

产品所呈现的视觉效果与用户的情感体验紧密相关。通过最简单的手段达到最好的设计效果，让设计决定产品的整体形象，这也是各领域优秀设计者一直以来为之奋斗的终极追求。

在产品视觉界面的具体设计上，减法设计的目的是为了打造简洁明快的视觉效果，组成视觉冲击力的文字、图案、颜色、版式等因素搭配起来要相得益彰，该有的不能少，不必要的必须删减，从而能迅速提升用户的体验效率，并促进产品价值的提高。

1. 图形上的"减法"

图形是最容易引起人们认同感的设计元素之一，因此在做界面设计时，对图形元素的高度概括和拿捏得当是设计的关键所在，而简洁合适的图形元素比让人眼花缭乱的图形更具亲和力。在进行图形减法时，核心之处是抓住事物的本质，排除一切不相关因素的干扰，而对真实物象进行严谨的归纳概括。

信息并不是随着图形数量的增加而增加，也与图形的复杂程度没有必然性联系，越简洁的图形，指向性也就越明确和相对单一，就越能迅速抓住人们的视线并传递自身携带的信息。

2. 色彩上的"减法"

色彩是视觉审美的核心，人们对于事物的第一印象大部分集中在色彩上。我们从长期的实践中得出：语言之于色彩显得苍白，正所谓"叹为观止"，所说的正是面对无限色彩的美景时人的感受，色彩所能够表现和传达的设计要素能够超越时间、种族而存在，而无论智者还是白丁，都能够欣赏同一幅美景，得到各自的感受。色彩所表现的内涵是极其丰富的，也是能够持续的。色彩能够触动不同的观众，使其与之发生共鸣。在视觉效应上，文稿图形传达和图形文稿传达远远无法与色彩传达相匹敌。但是由于设计内容杂乱，也会引起色彩画面的繁杂，如果设计师没有进行取舍和整合，色彩则会失去应有的特性，削弱表现力度，并造成受众视觉疲劳。色彩的运用不在于所用何种颜色和用色的多少，而在于用色是否正确。苹果家用电脑的设计是色彩运用的典范，正如很多世界级的画家和设计师在创作时仅用几种色彩便成就了一幅美轮美奂的作品。

3. 文字上的"减法"

文字被视为信息的载体，一般来说词汇运用得愈多，意味着所包含的信息量就越大。但这在视觉传达设计中则不同,其传达效率与文字多寡正好相反。比如,广告设计,在许多情况下其设计意图是强迫人们接受所宣传的内容,这就要求以最精练的词汇量去传递尽可能多的信息,以提高传达效率。

### 4.版面上的减法

在产品版面设计的视觉效果上,版面设计应遵循"阅读最省力"的原则。设计师可从两个方面展开来遵循这一原则:其一,必须力求版面表现简洁明了;其二,整个视觉流程尽量通畅。一些不分主次的、视觉流程混乱的、内涵不明的版面设计,消费者在欣赏时不仅仅会视觉疲劳,更严重的是会产生窒息感,这样的设计必然是失败的。减法的设计力求保留最精髓的内容,进而达到阅读省力和传达快捷的终极效果。与此同时,浓缩图形、色彩、文字会显得版面简洁干净,正所谓"鸟鸣山更幽",留给人们的想象空间是其他信息不能提供的。人们都乐意去想象,空白的并不是什么都没有,而是什么都可能会有。这从我国的水墨画中便可管中窥豹,正所谓"此处无声胜有声",此之谓也。

## 四、"加"与"减"并重

控制加减之法是一个数理问题,也是个逻辑问题、方法问题。很多时候,加与减是相得益彰的,彼此界限并没有那么明显,很难说是"加"的功能,还是"减"的魅力。

从零开始,设计师用加法不断进行设计创造,进而构造出成熟的设计作品。到这里,仅走完第一步,还需要运用减法手段,再把设计产品进行浓缩,删减可有可无的元素,直至最简,剩下的精髓才是设计师需要给消费者的。这个过程相当烦琐,同时设计师作为局中人,也很难发现哪些是需要保存的,哪些是需要丢弃的,这需要设计师多学习、多实践。

减法设计建立在对设计的火候把握性极大的基础上,因为加法设计相对比较容易,就好比给你一张白纸,要填满它不难,但在一张画满内容的纸上留白就没那么容易了。设计师的积累功力也更多体现在减法设计上。设计师的目标是让产品显得大气、简洁、丰富、美观,这就要求设计师胆大心细,善于观察生活,把握住人们的心理需求。产品设计必须经过加减才有可能趋向完美。产品各个元素之间应有较明显的主次感,所以设计师应尽量使用简洁的视觉元素来表达自己的设计思想。

# 第四节　逆向思维的特征与方法

习惯性思维是人们创造活动的障碍，往往束缚着人们的思路。在顺向思维碰壁时，需要突破这种习惯的约束，另辟蹊径，有时反常规的逆向思维求解问题可能会带来新的希望，虽然用逆向思维不是唯一解决矛盾的途径，但只要在客观上存在可能，一旦采用反其道而行之的办法就可能会出现奇迹。

## 一、逆向思维的特征

### （一）普遍性

逆向性思维在各种领域、各种活动中都有适用性，由于对立统一规律是普遍适用的，而对立统一的形式又是多种多样的，有一种对立统一的形式，相应地就有一种逆向思维的角度，所以逆向思维也有无限多种形式。比如，性质上对立、两极的转换，软与硬、高与低等；结构、位置上的互换、颠倒，上与下、左与右等；过程上的逆转，气态变液态或液态变气态、电转为磁或磁转为电等。不论哪种方式，只要从一个方面想到与之对立的另一方面都是逆向思维。

### （二）批判性

逆向与正向是比较而言的，正向是指常规的、常识的、公认的或习惯的想法与做法。逆向思维则恰恰相反，是对传统、惯例、常识的反叛，是对常规的挑战。它能够克服思维定式，破除由经验和习惯造成的僵化的认识模式。

### （三）新颖性

循规蹈矩的思维和按传统方式解决问题虽然简单，但容易使思路僵化、刻板，摆脱不掉习惯的束缚，得到的往往是一些司空见惯的答案。其实，任何事物都具有多方面属性。由于受经验的影响，人们容易看到熟悉的一面，而对另一面视而不见。逆向思维能克服这一障碍，往往给人耳目一新的感觉。

## 二、逆向思维的方法

### （一）原理逆向

1829 年，奥斯特发现电流磁效应的消息传遍欧洲，很多人都局限于电磁学的研究，而法拉第却在思考：磁是否可以产生电呢？1831 年，法拉第把一条磁铁石插入一个缠绕着导线的空心圆筒里，这时导线两端连接的电流计的指针发生了转动。当磁石抽去时，电流计的指针又恢复到零的位置。根据这一原理,法拉第发明了世界上第一台发电机。这就是原理逆向思维的伟大创造。

## (二)性能逆向

性能逆向是指事物性能相对立的两面,如固体与液体、空心与实心、软与硬、冷与热、干燥与湿润、块状与粉末等。使用性能逆向时,从与原性能相反的方向进行思考。例如,弹簧沙发改液体沙发或空气沙发,实心砖改空心砖等。煤矿里过去用坑木做支柱,回收率只有 70% 左右。现在采用液压支柱,回收率接近 100%。又如,整块肥皂在使用时会遇到一些不方便:肥皂被水浸泡变软,容易造成浪费;使用过程中不易抓握等。肥皂粉碎机利用块状与粉末的逆向改变了这一切。将整块肥皂放置于肥皂托后,通过把手来触发内置的擦丝器,便会将肥皂变成细小的颗粒,而肥皂颗粒正好落在手掌中可以用来洗手,这样就避免了肥皂容易从手中滑落及容易将肥皂弄脏等问题。

## (三)方向逆向

方向逆向是指将事物的构成顺序、排列的位置、旋转的方向和输入方向等颠倒,即转过头来进行思考的一种方法。

## (四)主次逆向

一种多功能产品或组合产品有主次或主辅之分。如果主次对调,便成为主次互逆,可能会产生一种新产品。比如,可视电话,电话功能作为主体,电视屏幕显示对方的图像仅是辅助性的功能;主次逆向后,可视电话成为可通话的电视,电视成了主体,通话变为了辅助性功能。

除了上述经常用到的几种逆向以外,还有色彩逆向、形态逆向、综合逆向、单一逆向等,都能使人们有所创造和发明。当人们的思路进入死胡同时,来个逆向思考,反其道而行之,便能获得意外的收获。逆向思维法在应用过程中应该注意,并不是所有事物都可逆向,逆向并不是随心所欲的,而是有条件的,是以正向为前提的,逆向思维是基于事物正向而引发的。逆向并不一定就是创新,因为逆向的成功需要得到使用者的认可。

# 三、逆向思维的运用

在产品设计的创意思考过程中,人们需要打破传统观念,或从事物的另一侧面探求创意的突破口,使各种新概念、新形象、新思路、新发现在创意中体现出来,从而达到设计上的飞跃,进入"山重水复疑无路,柳暗花明又一村"的境地。这就是逆向思维在发挥作用。对设计师来说,逆向思维可以带来意想不到的创意灵感,而灵感又能够使他们创意无限。在设计过程中,逆向思维的运用大致分为三种。

## (一)反转型逆向思维法

反转型逆向思维法是指从已知事物的相反方向进行思考,产生发明构思的方法。"事物的相反方向"常常从事物的功能、结构、因果关系三个方面做反向思维。

## 1. 功能逆向

功能逆向指按事物或产品现有的功能进行相反的思考，如风力灭火器。现在扑灭火灾时消防队员使用的灭火器中有风力灭火器，风吹过去，温度降低，空气稀薄，火被吹灭。一般情况下，风是助火势的，特别是当火比较大的时候。但在一定情况下，风可以使小的火熄灭，而且相当有效。

## 2. 结构逆向

结构逆向指从已有事物的逆向结构形式中去设想，以寻求解决问题新途径的思维方法。一般可以从事物的结构位置、结构材料及结构类型进行逆向思维。日本有一位家庭主妇对煎鱼时总是会粘到锅上感到很恼火，有一天，她在煎鱼时突然产生了一个念头：能不能不在锅的下面加热，而在锅的上面加热呢？经过多次尝试，她想到了在锅盖里安装电炉丝从上面加热的方法，最终制成了令人满意的煎鱼不粘的锅。现在市场上出售的无烟煎鱼锅，就是把原有煎鱼锅的热源由锅的下面安装到锅的上面。这是利用逆向思维对结构进行反转型思考的产物。

## 3. 因果逆向

因果逆向指从已有的事物的因果关系中变因为果去发现新的现象和规律，寻找解决问题新途径的思维方法。比如，说话声音高低能引起金属片相应的振动，相反，金属片的振动也可以引起声音高低的变化。爱迪生在改进电话机的过程中发明、制造了世界上第一台留声机。

## （二）逆向型逆向思维法

转换型逆向思维法指在研究问题时，由于解决问题的手段受阻，而转换成另一种手段，或转换思考角度思考，以使问题顺利解决的思维方法。比如，"司马光砸缸"，有人落水，常规的思维模式是"救人离水"，而司马光面对紧急险情，运用了逆向思维，果断地用石头把缸砸破，"让水离人"，救了小伙伴性命。

## （三）缺点逆用思维法

这是一种利用事物的缺点，将缺点变为可利用的东西，化被动为主动，化不利为有利的思维发明方法。例如，金属腐蚀是一种坏事，但人们利用金属腐蚀原理进行金属粉末的生产，或进行电镀等其他用途，无疑是缺点逆用思维法的一种应用。这种方法并不以克服事物的缺点为目的，相反，它是将缺点化弊为利，找到解决方法。

逆向思维最可贵的价值在于它是对人们思维的挑战，是对事物认识的不断深化。在设计过程中，只要抓住逆向思维从诉求主题的相反方向考虑问题这个基本思维方式，抓住以事物对立面为基点展开构思创意这个基本思路，就能掌握种种技巧，产生与众不同的创意。它克服了思维的单一性，打破了已有的思维定式，是思维逻辑性的发展与完善。产品设计中需要这样的创新思维来推动新方案的产生，需要设计师另辟蹊径，打破惯性思维，突破传统思维的束缚，设计出新颖、别具一格的产品。

# 第五章　文化创意产品的创新技巧

## 第一节　产品创意设计的步骤与切入点

### 一、产品创意设计的原则

以满足用户需求为设计要求进行的文化创意产品设计，有以下五条基本设计原则。

#### （一）设计创意与用户需求统一

文化创意产品的设计创意必须和用户需求统一。创意是文化创意产品的灵魂，更是它的价值来源。用户需求是设计的首要目标，一切设计活动的最终目的都是指向满足用户需求。满足用户才能赢得用户，赢得用户才能赢得市场。得到用户和市场认可的产品才能体现它的价值。所以，文化创意产品的设计创意必须和用户需求达到统一。

#### （二）创意的奇特性与产品实用性统一

奇特性是指文化创意产品本身的创意奇特的性质。实用性是文化创意产品作为日常家居用品的本质属性。文化创意产品的奇特性主要是通过形态、发声等因素的奇特和产品使用方式的与众不同而体现的。人们之所以选择文化创意产品，主要是因为这类产品具有新、奇、特的特性。而这类产品是一类以家居用品为主要创意设计对象的产品，实用性是其不可磨灭的性质。所以，设计不能因为追求形态或功能的奇特而牺牲产品本身的实用性，而是要将这两个看似矛盾的性质统一起来，使其服务于消费者。

#### （三）创意的奇特性与用户情感的愉悦性统一

用户使用产品时一定期待有个愉快的体验。为了追求刺激而乘坐云霄飞车的乘客不希望被车子上的虫子吓到。同理，即使是为了追求新、奇、特感觉的文化创意产品的用户也希望有愉快的用户体验。不论是形态奇特还是使用方式奇特，都不能与提供给用户良好的用户体验相违背。所以，新、奇、特产品的创意设计要遵循创意的奇特性与用户情感的愉悦性统一的原则。

#### （四）创意设计重视产品细节设计

细节设计是产品对用户在细微之处的关怀，往往能在使用的细节上给用户情感的冲击，使用户留下深刻的印象。设计师通过产品上某些细节的设计，提供给用户更美好的使用体验。

### （五）创意设计关注用户习惯尺度

产品的使用性能一方面取决于产品是否适合用户特性，如用户的身体特性、生理特性和运动特性；另一方面受到了用户使用该产品时其使用习惯的制约。不符合用户使用习惯的产品会带来使用的不便，甚至会导致误操作和事故的发生。设计时，关注用户使用习惯的产品可以弥补由于产品特性与用户特性之间的差异而引起的不足。比如，用餐的筷子和刀叉，相对来说虽然刀叉比筷子更符合人体工学原理，但是因为中国人的使用习惯，使中国人使用筷子比使用刀叉更得心应手。所以，针对由一系列动作组成的使用行为、动作顺序、使用习惯等环节展开设计，是产品设计中不可或缺的程序。

设计师在进行产品创意设计时，一定要关注用户的习惯尺度。如果涉及使用功能、使用方式的创意设计，这一要素更是不能遗漏，它在一定程度上决定了用户体验的成败，从而决定了产品的成败。习惯存在很大的个体差异，不同人的使用习惯是不同的。如对同一件产品，有的人认为得心应手，有的人却无法习惯。设计师在设计时无须试图满足所有用户的使用习惯，因为这几乎是不可能做到的。但是设计师要针对用户群体的使用行为特质，尽可能多地找到其中相同的要素。

## 二、产品创意设计的步骤

在产品创意设计中，按照发现问题、分析问题、解决问题这三个步骤来完成设计，创意设计就有可能出现在我们身边。设计有很强的针对性，设计问题所涉及的层面也会随着设计课题的不同而呈现出各种不同的复杂因素，以至于很难仅靠直觉来处理。它需要有针对性地去分析，而使用正确的步骤可以指导我们快速解决问题。

### （一）发现问题

日常生活中存在很多潜在需求，只是有时人们忽视了或者并没有意识到。我们需要学会观察，留意人们的各种生活方式，捕捉日常生活中的细节，以发现其中潜藏的设计需求，然后积极思考，找到解决问题的关键所在。在发现问题的过程中，要注意挖掘每一个问题或者现象出现的三个层次：表象、中间层次和根源。而在发现问题时，应该关注或者寻找其根源——为什么会出现这样的问题和现象，不要被外界的表象所迷惑。

### （二）分析问题

发现问题根源所在后，就要分析问题，以便有针对性地解决，这一环节涉及创意的诞生。分析问题的过程一般是挖掘创意的过程。在分析产品所出现的问题过程中，可以从以下几点入手：

1. 设计对象要明确。不同的产品，设计的侧重点会有所不同，在设计过程中所采取的手段也会有所不同。因此，明确设计对象是所有后续步骤的必要前提。

2. 对现有的产品进行分析。在这个阶段必须知道现有的产品状况、技术可能性等信息。这是保证产品创意的市场价值的必要手段和设计入题的最佳手段。在了解产品发展的过程中，要抓住现有产品的优缺点，找出问题的关键点，从而形成新的设计概念。

3. 对使用者的行为、习惯进行分析。通过对使用者行为和习惯的分析，体验使用者在使用产品时的心理和生理状态，从而找到突破口，挖掘设计创意。

4. 对产品使用环境进行分析。通过产品使用人群或使用环境的分析，抓住不同使用人群的社会、文化或使用场合的特点，提出有针对性的设计理念。

### （三）解决问题

全面分析问题后，开始寻求解决问题的方法。这个过程可以利用创新思维的各种方法对问题进行梳理，根据梳理出问题的重要性和亟待解决的紧迫性，来选择最需要解决的问题，并深入研究。深入研究的过程就是思维方法的灵活运用过程。值得注意的是，万物不可能十全十美，虽然需要解决的问题很多，但一个方案确保解决 1 ～ 3 个问题即可，并且要有所侧重，不可面面俱到，分散精力。

在产品创意设计训练中，思路一定要清晰。运用理论知识的同时，要加强对创造性思维运用能力的培养，通过对现实事物的造型、结构、材料、使用情况等的深入分析和理解，由感性思考向理性思维推导，进一步开发和拓展、发现和寻找创意的契合点与通道。

## 三、产品创意设计的切入点

产品创意设计中，整个设计思维过程的第一转化阶段就是构思阶段。这个阶段将前期调研、构思的设计原点与设计素材整理归纳，并且用具象的语言诠释出来，塑造出一个完整、生动的具象形态。构思过程也是设计成型的萌芽阶段，这一阶段很重要，它影响到整个产品设计创意的质量。在进行构思前，要清楚地了解设计的主要目的和产品要达到的使用效果。这样，根据前期的分析结果来进行具体的设计构思，设计方向和思路才会清晰、明确。设计来源于生活，创意就在身边，如何从纷繁的事物和现象中寻求创意点，是进行设计的第一步。这里将寻找创新的切入点分为三大类。

### （一）顺应社会发展趋势，关注热点话题，寻找设计创新点

在当今可持续发展理念的影响下，绿色设计的出现顺应了社会的发展。对于日渐枯竭的自然资源，绿色设计无异于一剂良药，可以在满足社会发展需求的同时，减缓对资源、能源的需求，从而节约资源和能源，实现资源的可持续利用。

### （二）从日常生活中发现问题，寻找设计创新点

设计源于生活，设计活跃于日常生活的各个方面。当仔细观察生活时，就会发现有些产品存在许多问题。这时，应该从消费者的生活习惯、消费方式、文化层次、心理需求及喜爱的色彩、偏向的造型等方面综合考虑，寻求最简单的解决方式。

（三）描绘未来生活，寻找设计创新点

随着社会的进步和生活水平的提高，人们对一个产品的要求不再是满足于其使用价值，而是越来越注重产品的附加价值、情感价值、美学价值、个性价值等。

# 第二节 产品创意设计的技巧与创新

## 一、快速表现的技巧

快速表现是一种以快捷、简明的表达方式传递设计师的构思和创意的方法，并且在当代设计界已成为最受设计师欢迎、使用频率最高的一种表现工具。它是创意设计中重要的实践环节。

### （一）快速表现在产品创意过程中的作用

#### 1. 记录创意

快速表现与摄影、录像等一样都可以达到记录的效果，不同的是，快速表现是设计师亲自观察，以亲手操作的方式来记录和表现作品形态、结构关系，不仅可以加深设计师对创作的体验，还极大地充实了设计师的语汇。在创意构思的过程中，绘制草图不但可以使设计师的思维保持灵活、开放，而且能激发他们的创作灵感。大量仅少许细节或者完全不含细节刻画的设计草图，在对比与探讨过程中比那些渲染得很"优美"的产品图更能激发设计师的创意灵感。

#### 2. 设计交流

图形与文字相比，更易于沟通。图形可以有效传递信息，让人一目了然。用图形语言表达心中的想法是对人脑思考过程的模拟，也是对大脑思维的加工过程。所以，好的图解应该是"思考的全景图"，比文字传达更直截了当、形象生动，能把握住问题的重点。所以，好的图解能把复杂的东西简单化、平面的东西立体化、无形的东西形象化。在设计师与其合作者之间的交流中，快速表现将设计师抽象的思维具象地表达出来，很形象地体现了设计师的思想和意图。这样更有利于合作者清晰地了解设计师的创意。

设计师与客户讨论设计方案的时候，快速简单的手绘草图比耗时的电脑渲染图更受青睐。因为电脑渲染图虽然比例关系准确，细节突出，但是无法灵活修改。这种无法修改的缺点就立刻变成双方沟通与交流的阻碍。快速表现可以使设计师把头脑中的概念通过各种方式转化为适合演示的草图和效果图，不但节省时间，而且可以随时启发设计师产生新的设计灵感。而电脑渲染图只能在所有设计都敲定之后仅输出一个不可更改的结果。

#### 3. 重组构思

快速表现记录下设计师大量杂乱无章的想法，并形成草图，可以让设计师在推敲理解过程中直观地回忆前期想法，将其打乱重组，这样可以引发更多的创意思维，有助于思想的进一步升华。这一点应该是快速表现最为重要的作用。

### （二）快速表现中形与色的共理方法

#### 1. 快速表现形态处理方法——几何造型参考法

在完成收集资料——"厚积"的工作后，就要开始"薄发"的过程，即通过资料来创造或者完善自己的设计作品。因为产品的情感化表达都是由其造型决定的，所以造型的完善需要花一些工夫来进行反复推敲和斟酌。在产品快速表现过程中，造型是主要表现对象，那么如何获得造型呢？

设计师可以先绘制一些基本的几何体作为造型的参考，然后用各种线条来丰富几何体的外形，尤其是在关键部位，在基本的几何体造型上尝试更多的变化。这是一种推敲产品造型的简单方法。在运用这种方法绘制大量的草图后，会发现许多新颖的造型。拿基本几何体——方体来说，即使这样一个简单的形体，通过各种变化方法也可以拥有丰富多彩的造型，而这些形态对设计产品很有启发。我们将各种几何造型的变化方法归纳为分割与重构、切割与聚积两大类做详细介绍。

##### （1）分割与重构

任何平面形态都可以通过分割还原到最基本的点、线、面，而任何立体形态也可以分解还原成立体的点、线、面、体，所谓分割就是将一个整体或有联系的形态分成独立的几个部分。不管是等分割、比例分割还是自由分割，被分割的块体是由一个整体分割而成，具有内在的完整性，所以分割后的块体之间通常具有形态的互补性，很容易形成形态优美、富于变化的作品。特别需要注意的是，立体形态在分割过程中，分割出的单体形态越单纯就越容易出现丰富的变化效果，要避免切割过小，造成分割体过多的情况。

分割与重构两者是一种互逆的关系。对于重构要力求创造一种形态上的惊喜，也就是通过简单的分割，重构出一种意想不到的效果。这里的重构是在原几何造型分割基础上，对分割出来的单体进行重新组合的过程。重构形式有很多，如贴加、分离和翻转等。而对于同一种分割，要充分运用上述形式，挖掘尽可能多的组合，重构造型。设计师在重构的过程中不要考虑过多，只需要简单地把它们连接起来，让想象力引导自己去绘制设计草图，而草图可能会留下很多开放的修改空间，不要试图去描绘一个细致的结构造型。

因为几何形态是各种形态中最基本、最单纯的形态，所以选择基本几何体作为分割对象进行分割与重构，更容易创造出新的立体形态。

分割与重构就如同 20 世纪 80 年代兴起的解构主义思路，通过"破坏"行为，来产生偶然或刻意形态，这是获取新形态的一个途径。通过"破坏"使失去活力的形态重现新的生机，在此基础上再加以变化，从而创造出新的形态。这是对既定框架的一种超越，是事物的一种成长、一种突破。

##### （2）切割与积聚

切割与积聚是另一种形态创造方法。分割与重构同切割与积聚有一定的相同之处，但两者在出发点和自由度上是有区别的：分割和重构是针对一个给定的整体形态进行的，在整个过程中没有量的增加和减少，仅是形态发生了改变；切割与积聚则没有原始的限定，形态变化的过程中可能也会发生形态的减少或增加。

所谓切割，就是对一个立体形态做"减法"，在体量上表现为减少，从而产生新的形态。如雕塑家在创作石雕或木雕的过程中就是将一块完整的材料进行雕琢或者切削，把不需要的部分切掉，形成一个具有一定形态的艺术造型。在绘制过程中，经常会给物体进行形体上的倒角（包括倒切角和倒圆角）处理，这也属于形态切割的过程。

积聚就是对一个形体做"加法"，使之"获得"或"组合"而产生新的形态，在体量上表现为增加。一些产品形态的形成可以是对某一特定基本形单纯的"切割"，也可以是单纯的"积聚"为主，而更多的则是这两种方法结合运用的结果。

对分割与重构、切割与聚积的练习非常有效，它可以使你在大脑中建立一个图形资料库，在需要的时候，不假思索地将这些图像拼接起来，形成设计图。同时，在绘图过程中预测出将会遇到的难题，以便寻求最好的绘图方法。通过一定的积累后，在拿到一个产品时脑海中立刻就会想到如何分拆这个产品。经过一段时间的练习，会发现自己可以更自如地绘制设计图，并能够更准确地预估物体的造型，逐步提高了即兴创作和修改设计图的能力。

2. 快速表现色彩的处理方法

在快速表现过程中，产品造型及结构细节确定好后，需要对产品施加一定的色彩效果，来诠释设计者的设计意图和理念。适合快速表现的色彩工具很多，如马克笔、色粉、彩铅等。马克笔以其快捷、干净、耐光、色彩艳丽等性能深受广大专业设计人员的青睐。由于马克笔按溶剂不同可以分为水性、油性、酒精三种类型，按笔头不同可分为单头、双头、圆头、扁头等类型，所以马克笔绘制效果非常丰富。但由于马克笔不具有覆盖性、擦除性等可修改特性，所以也使很多初学者望而却步，不敢下笔。对于马克笔的用笔技巧和笔触，大家可以根据自己作画习惯总结一套适合自己的方法，多加练习。马克笔根据品牌的不同，颜色略有不同，每种品牌都至少有上百种颜色供设计人员选择使用。运用搭配漂亮、过渡自然的多色马克笔作画，需要做以下两点准备。

（1）单色色卡绘制

马克笔按用途的分类（室内设计、园林景观、工业设计、服装设计等）都有不同配置的套餐选择。对于产品设计来说，在购买马克笔时，灰色系马克笔可根据颜色编号间隔购买，有色系马克笔可选择日常产品常用颜色及自己喜欢的颜色，同一色系根据明度高低间隔购买，保证同一色系有三种以上不同明度的颜色。然后，将自己的马克笔做成单色色卡，以便在绘制过程中快速找到需要的色号。

（2）搭配色色卡绘制

由于马克笔上色后不可修改，我们也不可能每次都在试色纸上进行色彩搭配的试色工作，所以，在上色前，为了保证作画速度，可以制作一些不同色系的搭配色卡，并且通过各种笔触效果，来辅助色彩的过渡。

准备工作完成后，要想熟练地运用马克笔还需要多加练习，上色时注意运点、落点的方式，排笔的疏密，统一光源下的明暗关系，按照结构趋势来运笔等规律。特别需要注意的是，产品上色时，同一产品尽量大面积选择同一色系颜色。如果不同色系，尤其是对比色穿插使用时，尽量用黑、白、灰中性色进行色彩间隔，这样画面效果会更加协调。

## 二、快题表现的技巧

### （一）快题表现内容分项介绍

快题表现是指在规定时间内，围绕指定题目或者制订的训练目标展开的快速表现手绘工作。快题表现的内容涉及设计思维的全过程，包括设计分析、设计构思、设计想法的发展和完善、产品结构的分析及设计方案的表现等。快题表现画稿要求的是"讲清楚"，需要将涉及的设计内容通过各种视觉语言来表述清楚，让合作者和观者能充分明白该设计的意图，包括设计概念、产品的结构、造型、功能和材质等内容。因此，快题表现不仅是"表现"，更多的是"说明"。在说明过程中，需要很多辅助的内容，如人物、手、使用环境、产品说明图及文字等。如何使这些图稿的效果既能满足快题设计"说明"的需求，又能使沟通过程赏心悦目，这是本节讲述的重点内容。

#### 1. 手

每一件工业产品设计都是以人为本，为人们的生活服务的，所以很多产品在描绘过程中都离不开人。例如，交通工具类设计、3C 类产品设计等，在使用过程中都涉及人体各个关节、躯干、肌肉、手部、脚部等。在很多产品的使用场景中，以手的形态表现居多。将手的造型与产品一起绘制有很多表达优势。因为手可以用来解释如何使用产品，说明产品的大小及产品与人的关系。设计师在绘制草图的过程中有时画手重于画产品，其目的是强调产品的使用方式。

在平时的设计练习过程中，可以积累一些手配合产品使用的状态，如握、点、拿、按、指、提、摇、甩、抽、扣、托、拉、拽、捏等动作，这对产品设计方案能起到很好的参考作用。

在绘制手部使用产品状态时，可以将手部和产品的造型同时完成，以确保手部和产品绘制方式的一致性。在绘制产品的主体部分时，要先确定正确的透视关系，然后将产品和手部的线条按照前实后虚的透视关系适当加粗。为了让手绘图看上去更加真实，产品与手除了具有相同的透视关系外，两者的投影和反射关系也要一致。手部可以根据产品的色彩施加明暗关系。

#### 2. 人物

在设计过程中，产品与使用者之间的人机关系可以通过绘制产品与人体之间的关系来表达。这样，有助于确定产品的尺寸，解释产品的使用方式，表达产品给人们带来的感觉。尤其是那些创新程度非常高的产品，绘制产品使用说明的图解，不仅可以使人们了解陌生的造型，也可以向那些不了解设计思想和对产品存在疑问的观者解释产品的设计理念。

快题表现中的人物绘制在保证视角相同的情况下，还需要使用相同的手绘风格来表现人体造型与产品。图的重点是在产品设计的表现上，人体造型只是为了使创意表现得更加清晰。如果人体造型添加太多细节，会分散人们对产品创意的注意力，使设计图的表现不够鲜明；如果对人物面部细节过于刻画，也会分散观者对产品的注意力，还会增加绘图时间。所以，要简化面部细节，提取人体轮廓，形成较为抽象的人体动态图稿。

3. 说明图

说明图涵盖范围比较广泛，有剖视图、爆炸图、使用方法图等，凡是能够对产品结构、使用程序、材料等细节的解释起到说明作用的图，都可以归为说明图。

（1）使用流程图

只用文字交代使用过程会枯燥难懂，对于一些使用过程比较复杂的产品，如果绘制简化的流程图再配以文字说明，读者就很容易了解产品的使用过程。

使用方法说明图可归纳为两种：第一种是使用一到两张图交代使用方法；第二种是使用一系列连续的图画描绘一个流程，目的在于交代产品的使用方法和组装过程，如儿童玩具的组装、产品特殊使用方式等。

使用流程图描绘步骤时，应符合人的阅读习惯，使用国际通用的视觉符号和设计语言，减少阅读和理解障碍。如果使用说明图需要两张以上，就一定要按照逻辑顺序，共同完成使用流程介绍，同样每个步骤的图稿应保持相同的表现手法，增强其连贯性，在阅读时不容易产生歧义。此外，还要特别注意产品的角度和视角的关系，选择有表现力的视角，尽可能使用户更清楚地了解产品的使用程序。

（2）细节说明图

在快题表现中，细节说明图为用户提供了足够的信息来理解产品内部结构的层次关系和产品外部特征。细节说明图包括材质细节、结构细节、屏幕细节等。

当产品的透视图还不足以表现设计人员的设计思路时，就可以利用细节说明图来补充说明。一些相对较小的部件表现，如产品的操控按键和使用指示标志等，当某些细节因角度的局限被挡住时，或者因为要凸显设计创意而需加强表现时等，都可以将其细节重新放大表现。由此可以看出，细节说明图主要用于创新点的重点说明，以帮助设计师与那些不善于阅读效果图的客户交流和沟通。

（3）爆炸图

爆炸图是最常见的一种结构说明方法，主要用来揭示内部零件与外壳各部分之间的关系，通常可以作为工程与结构设计的参考，帮助团队中的工程师和模型制作师理解和讨论产品的技术问题及探讨装配时可能遇到的各种潜在问题。

透视过于强烈的视角会引起产品某些部分扭曲而造成识别障碍，因此要特别注意根据组件的多少来选择最合适的视角。绘制爆炸图时最好选择俯视角度和较微弱的透视关系，这样有利于设计师把握和展示更多的产品信息。同时，产品各部分之间的距离及重叠关系必须与画面的层次和所要展现的产品信息统一考虑。产品的每个部分被分解后要按照一定的逻辑展示，同时加上必要的参考线，使各部件之间的关联更紧密，既整体又统一。

### 4. 文字

图文结合是快题表现中比较好的一种表现形式，有助于设计师、客户和工程师之间的沟通。有些设计师画草图忽视文字的重要性，花了时间、费了力气反而没有交代清楚。使用言简意赅的文字来辅助说明手绘中不容易表现的外观细节、材质特点、结构和细小零部件等，可以使设计表现得更清楚明了。文字阐述内容要与产品方案的设计思路和相关设计重点相吻合，如人机工程学因素、简要使用流程、设计创意点等。同时，要对产品的设计理念、设计定位、各设计要素进行分析。在进行相应的文字解释时，要求文字精练，内容传达到位。

快题表现中的文字主要包括标题、整篇的设计说明、细节标注三大部分。

首先，一般标题是完整的一条或一段，很少出现单个字。应该根据版面的大小来组织文字整体，使文字表达符合目标对象的心理、生理感受，使之产生美感。写标题时尽量不要采用草书的形式，最好写一笔一画、规规矩矩的字体，字体大小根据版面大小来设定，大则笨，小则巧。一般来说，标题大字处理成长方形、扁方形较易表现，方形字不易掌握。

书写标题时，多使用变体美术字，或新颖奇特，或优美活泼，它们能使版面丰富多彩，有令人耳目一新的艺术感染力。快题表现中标题的排列形式一般以横、竖两种编排为多，但有时为了增强形式感，使版面活泼、醒目，也可以用放射形、波浪形、扇形、倾斜形、台梯形、渐变形和曲线形等排列。变化的手法可以多种多样，还可以综合运用，但无论使用何种手段，在文字的整体设计中必须注意形成某种内在的联系，形成一定的统一因素。统一的因素也是多方面的，如笔形的一致、装饰风格的一致、背景的一致、色彩的一致或同一元素反复运用等，这些都能给人以整体感。

其次，写设计说明时要注意字迹工整，与画面相协调，不要写得太多、太密集，不能喧宾夺主。根据字体的种类、字形的大小等因素，具体计算并合理安排字距行距，书写时应该做到"意在笔先"。

细节标注主要指在产品四周加上辅助性的文字和指示标志，表述产品的各个部件名称和简要的使用流程等。注意要用规范的标注方法，通常是用直线、折线或曲线箭头引出，在空白处标注，最好用比较工整的字体，标注的说明也要布局合理、美观，且在一个方向上。

### 5. 三视图

快题表现中的三视图主要是用来全面介绍产品形态和尺寸的。一般来说，画出产品的前视图、顶视图、侧视图，辅以基本尺寸的表达即可。当然，也有些三视图是以交代产品特点为目的的，所以可以根据产品特点，选择最具有产品特点和功能比较集中的面进行集中表达。

## （二）快题表现的关键点

快题设计在作为应试考核的手段时，由于考核的目的和对象不同，侧重点也会有所不同，因此在考核的要求上存在一定的差异。

通过快题设计对应试者的设计理念、设计创新程度、造型与结构的处理方式、材料的选用及设计表达方式等方面进行测试，综合考查了应试者的文化素养、造型处理、人机协调因素、功能组织及空间组合关系等相关技术性问题的综合解决能力。因此，快题表现的图稿应具有美观性、技术性和科学性。

要满足以上要求，可以分别从视角选择、线条使用、细节表达、背景处理等七个方面来分析。

## 1. 视角的选择

画草图的第一笔时就确定了视角的选择。可以任意地从不同的高度、不同的方向观察物体，但有时很难找到一个能够完整看清产品所有信息的观察视角。在学习绘制效果图时，可能会遇到这样的问题：某些视角来表现产品会产生很自然的效果（类似于人眼所观察到的），某些视角却怎么画形体都不舒服。

视角有很多类型。一般从较高的视角（俯视）观察物体，更容易看清物体的造型轮廓，选择这样的角度来绘制能够传达丰富的信息。仰视可以使物体的体量感增大。平视的透视效果较容易把握，绘制效果符合常规的视觉效果。无论何种产品，都可以从近似使用者习惯的视角着手绘图，这样在阅读效果图时容易把产品和使用者联系起来，从而更加明确设计意图。

对于比较复杂的物体，任何一个视角都仅是展示这个物体的一部分外观和结构。在快题表现中，为了便于交流和思想表达，通常会选择可以清晰地表现产品重要信息、能够优化产品造型和富有表现力的视角类型来绘制效果图。

## 2. 透视的准确性

在产品设计手绘表现中，各类产品的透视线稿是效果图的骨架，直接决定了物体最终形态的准确性。透视是形体的一切，如果透视不准，线条、上色、明暗都是经不起推敲的。如果能把透视关系画准，再怎么看产品效果都是舒服的。至于构图、上色的效果等技法问题，其重要程度都排列在透视之后，因为透视图是根基。

透视图传达的视觉信息可以受到观察者的视角、物体数量和大小及透视法则的运用等诸多因素的影响。熟练使用透视画法会帮助设计师绘制出更真实、更具说服力的产品效果图。遵循透视规律完成的透视图，在没有施加任何线条变化和明暗关系的情况下，本身就具有很强的空间主体表现力。

采用比较低的视角，夸张透视关系时，会发现物体被设计师故意扭曲了。因为有时候扭曲的效果图更能突出产品的特点，再加上一些必要的细节修饰会增加物体的尺度感和体积感，这比精确地描绘产品的造型更重要。因此，这种方法通常用来强调产品的速度和力量等动态的感觉。

让透视渐渐成为一种习惯，画起来就比较顺手，自然也不容易变形。只要勤加练习，牢记透视关键点，一定能画出既快又准的透视图。

## 3. 线条的运用

### (1) 线条肯定

快题表现中通常用线来表达产品的空间关系，一条线可以表示一个面，也可以表示一个面的转折。凌乱的线条会造成产品形态视觉上的混乱。同时线条不肯定使造型不肯定，使受众不能准确理解设计者所要表现的产品形态。另外，重复线条过多，就无法分辨轻重主次，容易造成形态的模糊不清。所以,在收集资料阶段,勾画的草图线条要干净,记录的东西才会清楚。在推敲方案时,开始的时候要线条画得轻、淡一点儿,待确定后再加重肯定。

### (2) 合理使用结构线

结构线是专门用来解释说明和强调造型变化的,在塑造和理解造型的过程中发挥了重要作用,尤其是对于那些比较容易产生歧义的结构。

结构线一方面能清晰地表现产品形体的起伏转折和凹凸,造型特征和形体走向,同时,细腻的局部可以增加设计图稿的说服力。另一方面,结构线增加了手绘产品表现图的立体感和产品感,使设计构思表达清楚明了,更利于设计交流。

结构线只是产品表现的辅助线条,它的笔触轻重、粗细和产品的轮廓线不能同一而论,不然就喧宾夺主了。另外,如果结构线缺乏虚实、轻重变化,也会削弱产品的空间感和立体感。产品的造型非常复杂,包含很多特殊的结构。为了准确地展现产品造型和结构,设计师在草图中加入了必要的结构线,这些结构线不但强调产品形态的过渡,而且让造型看起来更加平衡和对称。

在绘制曲面时,设计师可以根据经验估画出曲面的结构线,直至找到合适的结构线位置。草图通常会保留构建曲面时绘制的平面结构线,用来对比曲面的弯曲程度。

在产品的某些关键位置加入结构线可以强调造型的变化,更好地构造局部的造型,同时描述产品表面的过渡关系。结构线必须根据形的走向来画,而不能仅仅是一种装饰。如果结构线没有清楚地体现产品的结构和形体特征,那它就不具有任何意义。

好的线条当然是在大量的实践中练就的。练习过程应该由易及难,循序渐进。建议采用以下步骤来练习:先做定点直线练习,再做定点曲线练习,最后做圆、椭圆练习。可以选择一种适合自己的线条表现形式,不能刻意去模仿甚至强求某种风格的线条,这样在一定练习量积累的基础上,就可以达到得心应手、线随心走的理想境界。

### 4. 虚实的对比

### (1) 线条的虚实对比

线的魅力无穷,有长短、粗细、轻重、疏密的变化,这些变化可以更好地表现物体的空间感、立体感。依照透视素描关系中近实远虚的原则,用线来表达产品时,产品与画者离得近的部分线条处理上要粗重一些,勾画得尽可能仔细些,而稍远处部分线条要轻细、简单些。这样,虚实有别、主次分明,产品的主体和空间效果就会增强。

### (2) 色彩的虚实对比

巧妙运用颜色的变化来体现物体的长度或者场景的纵深感,在设计表达中非常重要。通常情况下,距离观察者较近的物体色彩对比度和饱和度都较高。随着距离不断增大,对比度和饱和度都随之逐渐降低。在实际生活中,同一场景或同一物体,艳丽的颜色和暖色部分通常比黯淡的颜色和冷色部分让人感觉距离自己更近,具有较强明暗对比关系的物体(位置)要比对比度低的物体(位置)感觉更近。在快题表现过程中,可以使用以上规律来绘制产品,以增强物体的尺度感和纵深感。

5. 细节的处理

产品细节的处理在产品快题表现中非常重要。通过添加一些典型的细节特征，包括材质细节、结构细节、屏幕细节等，可以将一个简单的造型变成一件产品。对于观察者来说，这些细节传达了产品的尺寸信息。在简单的造型上添加肌理和纹样，并不需要花费很多时间，但可以丰富产品的造型，使简单的造型更加真实，也可以使设计图一下子变得生动起来，更易理解。对于设计师来说，添加这些细节特征可以使产品设计创意更加生动，同时引发设计人员对创意进行更多的思考。

（1）材质细节

产品材质的表达对于快题表现有着至关重要的作用。如果可以清晰地描绘产品的表面材质及材质所产生的光影效果，效果图看起来会更真实，对于设计师来说，除了设计产品的造型和功能外，材料也是必须考虑的。不同的材料和材质直接决定了最终的设计是否能够得以实现。

在产品快题表现中，设计师为了创造强烈的视觉冲击力，可以根据需要来夸张或减弱产品的材质效果，同时需要绘制产品表面可能呈现的效果。这种表现方式比起实物照片更能说明材料的特征和感觉。

不论金属、塑料还是玻璃，目前丰富的加工工艺，使它们表面都有光滑、粗糙的变化。在此总结一下光滑和粗糙两类材质的基本变化规律。

物体表面是光滑还是粗糙，可以通过两个特征来表现。第一，表面呈现的明暗对比度不同。光滑的物体会有很强烈的明暗对比，而粗糙的物体则没有过于强烈的明暗对比，基本上没有高光。此外，光滑表面的材质颜色渐变是从纯色过渡到白色。第二，反光的区别表现。光滑的表面会有反光，这些反光的颜色一般和光滑表面的颜色相同，而粗糙的表面基本上不会出现反光。当设计图要表现产品的材质时，设计师就要夸大这些特征。

非常光滑的材质表面反射呈现一种光泽的质感。在真实环境中，这种反射的颜色是自身材料颜色与反射投影的混合。但在效果图表现中，为了强调物体光滑的表面质感，通常不考虑投影的影响，而是用夸张的环境色代替。因此，效果图中的光滑材质要比实际情况看起来更加艳丽，对比度也更高。橡胶和陶土、磨砂塑料等材料几乎不反射周围的环境，而是通过颜色的渐变和暗面的过渡来表现。通常具有这种材料的产品暗面过渡均匀，高光部分也非常柔和。

下面选取产品设计中常用到三种典型的材料进行材质表现的分析。

①玻璃材质

为了表现玻璃材质所特有的通透感，通常会选择比较简单的背景环境，以突出玻璃的高光部分。玻璃有很多易于识别的特征，可以在设计图中将其表现出来。

首先，最明显的特征是透明。透明可以通过简单地画出其"后面"的物体，或者借助周围环境中的物体反映其透明质感。

其次，玻璃的另一个特征是反光，这点对于玻璃材质同样十分重要，有反光的地方，透明度就会减弱。玻璃材质的反光一般都出现在材质比较厚的部分，而这些部分一般会呈现黑色或白色。所以，玻璃材质的物体轮廓线周围应该是完全不透明的。在带有曲面造型或者圆柱体造型的透明玻璃物体中，仔细观察就会发现，在弯曲度较大的地方，玻璃反光和高光会覆盖玻璃的透明质感。像车窗这样比较大的"平"面，垂直于这个表面观察它时，其透明特质能得到最好的体现。而如果从侧面观察，就会看到大量的反光和高光。有光反射的玻璃表面，看到更多的是材质表面反射的光或周围的环境，透明度会减弱。

再次，玻璃的第三大特征是折射。曲面或者圆柱形玻璃产品会发生非常明显的折射现象，如透过它们会看到经过折射发生的位置移动或扭曲背景，特别是接近产品边缘的地方，折射现象更明显。

为了表现玻璃材质所特有的通透感觉，通常会选择比较简单的背景环境，以突出玻璃的高光部分。

②金属材料

金属材料按照表面特点，大致分为高反射的镀铬材料和过渡柔和的拉丝（磨砂）材料两大类。

镀铬是一种常见的金属材质，其自身几乎没有任何颜色，但具有类似镜子的高反射特性。因此，通常外表面镀铬的产品看上去具有强烈的视觉效果。周围环境经过镀铬的曲面或者圆柱体反射后被压缩成纵向的条纹效果。距离物体越近的环境，被反射的效果越突出，不同距离的环境在反射的效果中同样具有相应的层次关系。即使简单的环境也会导致复杂的反射关系。因此，镀铬金属周围环境应该倾向于简单清晰的场景，以便利用环境来说明产品的造型和结构。在绘制过程中，如果碰到镀铬金属外界环境丰富而复杂，物体表面反射出各种图形和色彩，这时不能按照实物原封不动地去表现，那样太复杂，太花时间。在快题表现中，许多反射的效果是设计师依靠经验和直觉绘制的，其目的在于虚拟金属材质的特征，而不是毫无更改地再现真实效果。当镀铬金属具有投影图像时，图像应该被简化，并使用对比强烈的明暗关系进行处理，使其更具有空间感。需要注意的是，曲面和圆角的金属反光通常是不规则的，在绘制时应适当简化这些反光，使它们的造型不至于破坏物体的立体感。而表面是拉丝和磨砂的金属材质就不会出现这么强烈的对比和反光效果，明暗关系的处理应过渡柔和。

③肌理材质。在这里把凡是具有表面细小凹凸特征及纹理的材质通称为肌理材质，如织物、木材质、表面有凹凸现象的合成材料等。对于这些材质，绘制时需要格外注意。

通常微小的山脊或颗粒材质细节，用线条有重点地简要表示即可。当着重表现这些材质细节时，则需要特别考虑光照对材质效果的影响和透视变化。除了材质表面的肌理和纹路外，还需要表现材质自身的特征。这些特征包括材质色彩的饱和度、色彩的明暗和对比、表面的反光和光泽度等，这些对于理解设计有着非常重要的意义。

（2）结构细节

在快题表现中，为产品加上一些必要的结构细节，不仅可以增强视觉效果，使产品看上去更加真实，还可以使观者更好地理解产品的结构。

在绘制快题过程时，为了将结构细节表达出来，可以把局部细节和某些重要部分的过渡和连接使用特殊符号标注出来，并用结构细节的透视图进行诠释，以弥补无法清楚表达设计的关键部位的缺憾。

绘制结构细节时，有些不重要的细节可以在颜色和投影画完之后再加上，这样，不会影响整体上色的过程。倘若物体的圆角非常小，就不用特意地表现出来，绘画时可以用两条临近的线来概括。在结构细节比较多的情况下，可以使用灰色的马克笔勾画轮廓并着色，使用黑色的签字笔绘制产品的细节部分和空白部分，然后使用灰色马克笔与白色铅笔一起表现物体的凹凸部分。

（3）屏幕细节

屏幕是一些现代产品必不可少的组成部分。对于带有屏幕的产品，有必要在屏幕的细节中加入一些显示内容来增加产品的真实感。如绘制屏幕上的显示符号，并且对其投射的阴影加以表示，以此来体现显示屏的厚度和透明特征。如果无明显符号，可以通过不同的简单明暗关系来表现屏幕。需要注意的是，绘制时通常优先考虑显示屏的透明度（透明度不同，投射的阴影强弱也不同），其次才考虑对显示屏的反光等细节的处理。

（4）投影处理

在投影处理上，对于比较窄的部分，只要将上表面或横截面的造型作为投影的造型即可。这种方法通常被称作假设投影或投影下移。使用这种方法画的投影既可以接近实际情况，又可以简化绘图过程，提高效率。比如用彩色马克笔来画一个物体，一般会搭配灰色马克笔来绘制阴影部分，这样物体的阴影部分会更深、更饱满。

如果物体和它的投影距离很远，那么投影的颜色会由于环境中其他光源的作用而表现得比较浅。而这种投影是根据生活经验估画出来的，可以暗示物体与地面的距离。

在一幅效果图中，通常投射到地面的阴影比投向墙面的阴影颜色深，同时物体阴影一侧的线条相对较粗，颜色也较重。

6. 构图的处理

在表达自己的设计思想或进行作品展示时，为了获得良好的视觉效果，需要认真考虑作品的构图。在产品快题表现过程中，设计者在有限的平面内对自己所要表现的形象进行组织，并要形成整个平面的特定结构，以求视觉效果上主次突出，优美和谐。版面形式可以根据自己的喜好排版，一般遵循"有疏有密、有主有次"的视觉原则，同时在这些原则的基础上创造出更为灵活多变的构图，以完善画面，满足设计需求。

在产品快题表现中需要注意的构图问题主要包括以下几个方面：

（1）构图的平衡

产品快题表现的构图一般采用非对称平衡的形式较多。画面中表达的是单件产品时，产品不是放在正中央而是略偏一侧；如果是多件组合产品，则需要通过组合产品相互的位置、大小、前后空间关系进行搭配。

（2）构图的画面比例

一般指所画产品与画面之间的比例问题，所画产品比例要得当，产品绘制太大和太多会产生画面过满、拥挤的感觉，过小会产生空洞、不饱满和失衡的感觉。

（3）虚实及主次关系，多指产品组合的相互衬托关系

在处理该关系时，一般要求主体物象鲜明突出，次要形体考虑放置的前后位置，表现上不应喧宾夺主。画面中的每个组成部分、每个图形或字的位置、所采用的色彩等因素都应围绕主题发挥作用。

在具体的产品快题表现中通常也会借助一些常用的版面元素，如框架分割线、视觉引导线、箭头指向说明及其他符号等来丰富构图画面。

### 7. 背景的处理

背景的主要作用就是衬托效果。背景元素由背景图片与设计图之间的联系通过形状、色彩来构成，并通过形成表达情感和氛围的设计语言来完成，从而进一步改变设计图的视觉效果。有很多方法可以为设计图添加背景效果。对背景的处理可以从背景的色彩、形状这两个方面来总结。色彩上可以采用与产品主色调呼应的临近色系，或者采用对比色系。如果产品主色调艳丽，那么使用冷色和暗淡的颜色作背景色，效果会更加明显。反之，如果产品颜色较暗，则可以使用相对比较艳丽的背景色彩来衬托，以丰富画面效果。背景的形状可以抽取产品形态特征来表现，也可以采用几种常用形状的色块，如长方形等规则形状。当使用环境作背景时，可以将环境抽象成一种简单的画面素材来使用，或者将环境图片放到产品后面作为背景。为了更好地突出产品，最好适当降低背景图片色彩的对比度或者精简图片的细节。合理使用以上这些背景处理方法，不但能够给效果图带来丰富的层次感和空间感，而且可以使产品从整个画面中凸显出来。

# 第六章　多元视角下文化创意产品设计

## 第一节　传统文化元素与文化创意产品设计

市场上文化创意产品种类繁多，各具特色。从广义的角度来说，与文化有关且被某些群体所认可的创作，均可以称为文化创意产品。狭义上则是指附带传统文化符号的商品。传统于现代设计而言，是一个包含关系——"你中有我，我中有你"。所以在现代设计中，将传统文化元素加入现代创作理念是非常有必要的，只有梳理好二者的关系，才能协调好传统文化元素符号与文化创意产品设计之间的关系。

### 一、传统文化元素符号的应用原则

#### （一）区域民族性原则

民族地区的文化传承一直以来都是一个值得深入探讨的问题。对文化创意产品的开发，能够促使区域民族文化不再成为少数民族的"私产"，对原有封闭、落后的民族地区是一种有效的激活方式。能够改变在一定的时间和空间范围内自己内部所享用，为本乡或本族的普通百姓服务的生活所需的模式，将原先的乡土性质进行提升，突破随民俗生活自然传习的惯性并打破时空的界限，作为文化创意产品被他族的人群所接受。作为"自用"功能的延伸，传统文化元素符号与文化创意产品的结合，是民族文化在"他用"中的体现，推动了文化的传播，消除了对民族地区原有认知上的"神秘感"，也孕育出文化内部新的动力和融合。文化创意产业的发展对民族地区的文化传承具有极大的推动作用，也为原有的自然发展提供了一种新的途径，民族地区的"物质产物"不再是孤立的，为服务小群体而存在的，而是以一种产业化、商品化的表现形式展示出来。而传统文化元素符号是伴随文化创意产品的发展而发展，二者属于伴生关系，相辅相成。融入具有特色的传统文化元素符号已经成为文化创意产品设计的灵魂与核心，其独特的性质及功能，也符合现今文化创意产品的设计趋势。

#### （二）认知性原则

从起初的"师法自然"到"和谐共生"等思想，都体现了生命与自然之间的共性，共性的特点贯穿着文化创意产品的始终。传统文化元素要经过选用、提取、再造、组合等步骤才能应用于文化创意产品上，这个过程的首要任务是对传统文化元素符号的本身进行认知，对文化内涵进行分辨。

而这个认知关系也构成了功能与形式二者之间的平衡。二者之间的强弱关系也会如"蝴蝶效应"一般，影响人们对于文化创意产品的不同审美需求，也造就了如今极致的简约和繁复的奢华这些不同的审美态度并存的局面。

### （三）审美及指示原则

#### 1. 指示功能

传统文化元素符号在文化创意产品设计中起到了重要的作用，因为在使用传统文化元素符号的过程中势必会传递某种信息和寓意。在一定程度上，传统文化元素符号是文化创意产品的附属品。设计师将传统元素应用于文化创意产品中不仅要传递元素的信息和寓意，还要用这种"隐喻、象征"的艺术手法，来加强产品及产品之间的物与物的联系。元素符号之所以能传递寓意，是因为文化创意产品本身就是一个文化符号系统，是具有表现与语言等功能的综合系统。

#### 2. 审美情感功能

传统元素符号作用于文化创意产品的设计中，就是一种有"意味"的设计方式，这种方式在某种程度上满足了受众的心理需求，还满足了其情感需求。另外，传统元素符号中的审美情感和艺术审美功能在某种程度上又是相同的，能够影响人的情绪，让人产生美的享受与感动。

## 二、传统文化元素符号在应用过程中所面临的问题

### （一）"文"与"创"的不平衡

上文提到目前市面上的文化创意产品的种类繁多，表现形式也多种多样，从而出现笔者标题上所提到的"文"与"创"的不平衡。有些文化创意产品中仅应用了"文"的含义，载体中也是在"文"这个特点上处处做"文章"，将各种类型的元素糅杂在一起，随意排布。这种表现形式从表面来看虽无瑕疵，但细品之下，"文"堆积过多的文化创意产品与"文""创"均衡的产品，就相差万里。同样，仅有"创"的产品亦是如此。

### （二）"形"与"意"的不均等

传统的元素符号在应用的过程中是为了吸收它的"形"，借助产品的外观来表达它具有的"意"。只注重"形"而忽视"意"或对"意"凭空想象，及胡乱表达的产品是不合理，而只重寓意的文化创意产品也是没有支撑点的。现在所流行的部分产品中，重寓意而轻形式的产品不在少数，相当一部分人只是单一理解产品中所表达的寓意，而放弃了对传统元素形式的追求。在对某一传统元素进行元素提取时，我们应该考虑它背后的"故事"，如文化禁忌、文化搭配等。

## 三、解决的方式

现今的社会环境为传统元素文化符号与文化创意产业的结合提供了良好的条件，开辟出一

块新的土壤，可以让传统元素文化符号在文化创意产品的设计之中寻找出一条新的路径，从而复兴优秀的传统文化。

## （一）产品符号的再造

我国具有深厚的民族历史，而伴随民族历史而生的则是民族文化，浓郁的民族文化可以让我们在文化创意设计的过程中"底气十足"。传统元素文化符号应用于现代产品设计中，需经过一个再造的过程，这种再造的艺术手法又分为两个方面，一是精神层面，着重指的是通过重塑心境进而对人的精神面貌和心智产生影响。二是物质层面，直接对传统本身的某些结构进行重构，形成一种新的物体。这种再造的方式，赋予了产品"生命的活力"，在保护了文化元素的传统性的同时，也进行了创新，提升了产品的综合实力与特色。

## （二）材质的选用

在现代设计中，虽然有新技术的介入，但是运用新技术的艺术手法来替代原有的传统技艺进行文化创意产品设计，会让传统的优势变得黯淡，对传统文化符号的方向性产生极大的非议。但从另一个角度来说，新型材料也给传统工艺带来了许多创新的机会。工业化大生产的出现，并没有让传统工艺就此行将就木，反而促进了传统工艺的发展。在发展到一定程度时，事物本质会发生变化，引发人们的思考。这种变化对于我们来说，可以界定为传统与现代的交融，两者相互联系，在矛盾中产生新的作用，让原有的"枯燥无趣"转为"生动活泼"。

## （三）"一物一心"即匠心

何谓工匠精神？纪晓岚曾言："心心在一艺，其艺必工；心心在一职，其职必举。"意思是如若想把自己所从事的事业做得完美，就得倾尽自己的精力，不气馁、不放弃，才能超越梦想、成就辉煌。工匠精神渗透在生活与生产，及设计中的每一个环节，并且形成了所独有的文化及精神内涵。而在文化创意产品设计中，工匠精神的呈现在于对文化创意产品的外观设计精益求精，对文化创意产品的附属品传统元素的提取后精雕细琢。每个时代都有独特的追求，但工匠精神的"精益求精，精雕细琢"的理念一直是不变的。

"创新"一词是指对材料、工艺、造型等要素的全新探索，是对文化创意产品的一次"革命"。抱着对传统文化信仰的坚守及背后承载的文化与精神的敬畏和传承之心，出现了"创新"。但真正的工匠精神，又是慎谈创新的。对于传统的认知和坚守越深入，对于创新的理解和探索就越慎重。每个时代都存在不同程度的属于自己的"创新"风格样式。这种"创新"，一定是植根于传统与现实需求的"摹古酌今"。

传统文化元素符号本身是一个不断变化的过程，我们看待传统、吸收传统也需要用辩证的眼光去看待，并不是所有的传统元素符号都是可取的或可被利用的。对于这些传统文化的至宝，作为现代继承者的我们，应该辩证看待传统元素符号，取其精华，去其糟粕。将传统进行剥离，取其可行之物，应用于文化创意产品设计之中，才是正确对待传统，尊重传统，而不是单纯地将传统文化元素进行罗列、扭曲。

## 第二节　多感官体验与文化创意产品设计

### 一、视觉感官设计应用

#### （一）视觉色彩的应用

色彩作为无声的有力力量，能够潜移默化地影响人们的心理，不同的色彩搭配会传达出不同的情感思想。在文化创意产品中，如日本文化创意品牌"熊本熊"的形象就生动地诠释了色彩对消费者购买欲望的重要作用。设计师为突出熊本县特色，在熊本熊身体上使用了熊本城的主色调黑色，并在两颊使用了萌系形象经常使用的腮红。而红色也象征了熊本县"火之国"的称号，它不仅代表了熊本县的火山地理，也代表了当地特有的红色食物。全身大面积的黑色突出了脸颊上的腮红，将熊本熊的憨厚可爱形象放大，深受人们的喜爱。如今，在各大商场、服装上都能看到熊本熊形象。

#### （二）视觉造型的应用

造型形态是文化创意产品设计的重点之一，通过精准的形态塑造，生动的线条形式，对消费者产生强烈的视觉冲击，并带来舒适的视觉体验。以2008年奥运会五福娃为例，五个吉祥物均采用圆弧线作为基础造型单位，将各具寓意的装饰图案作为头饰，在和谐统一中又不缺失各自鲜明的特点，五个福娃的造型与所要表达的意象达到了视觉上的统一，形成了一个整体，满足了受众对于系列吉祥物整体感知的需要。所以文化创意产品设计应遵循一定的完形规则，各部分的造型要素要符合受众的期待，使造型所呈现的创意得到完整、全面、有层次的解读。

### 二、听觉感官设计应用

#### （一）听觉包装

听觉包装可以是产品附加的背景音、简短的宣传语，或是使用过程中发出的特殊音效，它们的作用通常是加深人们对该产品的认知与印象。这类包装方式多存在于儿童玩具和部分电子产品中。儿童对新鲜事物充满好奇心，在儿童电子乐器上常会有各式按钮，在按下时发出有趣的旋律。

此外，听觉包装也可以是通过产品本身结构的设计或特制材料的运用，使其具有独特的音效，并以此形成品牌独有的听觉识别元素。例如，旋开可乐瓶时，由于碳酸饮料的特性，气体涌出瓶外发出的"咻"的声音已经成为独有的一种听觉识别元素。又如，用特种纸张印制的书籍，在翻页时会发出较大的声响，以此吸引读者的注意力等。

## （二）视觉与听觉相结合

当产品的造型与包装已经达到良好的视觉效果时，通过材料、结构的进一步细化，让用户在使用时，产品发出高质量、舒适的声音，给予使用者不同的感官体验。相较于纯视觉传达，这种沉浸式的体验能给予人们更多的满足感，同样也适用于产品与包装的设计。这是一种更能满足消费需求的设计趋势。

## 三、触觉感官设计应用

### （一）触觉包装

触觉包装主要与材料的质感、纹路、肌理、软硬度及整体造型等相联系。所有物品都有特定的构成方式，而不同的材料与造型会给人们完全不同的触觉感官体验。随着科技的发展，包装的形式已经不再局限于使用传统的工业材料，许多新型材料被陆续运用到产品包装上。比如，目前市面上许多家电外壳开始尝试运用布面、木头纹理的表面材料，这增强了外观的多样性，也给予使用者更多的选择。

### （二）视觉与触觉结合

材料的各种属性及产品包装的造型是可视的。例如，酒瓶是磨砂还是光滑，收音机是棱角分明还是圆润，首先会给予人们视觉上的不同体验，接触它们的时候又能刺激触觉上的感知，二者共同影响，加深使用者对这个产品的印象。例如，布面、木头纹理给人更加柔和而温暖的视觉效果，在触摸时也没有金属那样冰冷的感觉。因此在设计过程中，可以同时考虑这两种感官体验特点，让使用体验更加多元化。

## 四、嗅觉感官设计应用

气味是一种比视觉画面更有张力的记忆形式，并且比视觉记忆停留更久。气味不仅能营造氛围，而且气味的再现能调动用户的嗅觉感受，使用户很快回想起过去的特定场景，引起用户的情感共鸣。利用嗅觉感官可以建立起气味和品牌、文化之间的联系，让文化创意产品带给用户更深刻的体验。

### （一）现有的嗅觉运用方式

直接运用到嗅觉感官的一类文化创意产品是香氛类产品，液体香氛、固态燃烧香等产品本身带有气味，气味就是该类文化创意产品的主体。另一类是本身无气味、但通过熏香加上与产品同主题气味的产品。在书店中，香氛机始终工作，释放自然精油香气，同时在用户购买的产品中也会萦绕这种气味，这种气味的体验以一种不张扬的方式将文化、价值观传递给用户，并且具有较长的持续时间。

### （二）嗅觉在文化创意产品中运用的未来展望

日本已经研制出一种能够记录及复制各种味道的仪器，可以做到再现玫瑰的馥郁、香蕉的甜腻，甚至各类刺鼻气味。这为文化创意产品中大量运用嗅觉元素提供了可能。通过气味监控、气味制造、结合 APP 和留香材料，相信在 5 ～ 10 年内，气味记忆将和现在的摄影留念一样，不同特色的气味可以被保留，可以在朋友之间传递，可以与更多的人分享，成为一种流行的保留回忆方式。利用嗅觉相关技术的文化创意产品将具有更强的传递文化、分享城市印象的功能性。

## 五、味觉在文化创意产品中的应用

味觉主要在食品类文化创意产品中出现，在一些前沿的食品包装设计中，用视觉插画或是特制材料体现食物口感，已经是一种成熟的多感官运用方式。

圆润的食品包装会让人联想到柔和的口感，棱角分明的包装则与刺激的口感匹配；低饱和度的颜色对应清淡的口味，鲜艳明亮的颜色则对应浓郁的口味，这是长期以来人们习惯的、下意识的预期联想。这种视觉和味觉上的对应可以应用于文化创意产品营销，因为大多数人认为图形比文字更直观，当用视觉形象做包装来表现文化创意产品口感时，会比文字描述更引人注目，更容易吸引消费者，给其留下深刻印象。

此外，味觉记忆能将进食行为与周围的物质环境形成相对稳定的意象联系，将味觉纳入文化创意产品设计能将个体生命记忆纳入社群记忆（城市文化、印象、价值观）之中，给消费者更深刻的体验。

城市文化创意产品产生的目的主要是传递城市文化，增强用户的记忆和情感体验，而多感官文化创意产品的核心竞争力在于"体验感"。充分调动"五感"的产品，能和用户本身有更多物理互动和情感交流，比单一感官的产品更具趣味性和人文关怀，是市场的大势所趋。

## 第三节  仿生设计与文化创意产品设计

在社会不断发展的今天，人们对文化生活的重视程度逐渐提升，文化创意领域的产品设计水平也不断发展，将文化创意产品中的设计元素与仿生设计内容相结合可以有力增加文化创意产品的自然属性，更贴合现代人的生活需求，容易激发受众的认同感，对文化创意产品设计具有重要的价值和意义。

### 一、仿生文化创意产品的现状

随着人们生活水平的不断提高，大家对文化旅游、创意设计等方面的兴趣越来越浓厚。但是目前的仿生文化创意设计图单一，不具备灵活性。文化创意产品设计的主要原则是在融合原本的文化元素之外，创新设计更高层次的文化产品。不过，当前市场的文化创意产品只是将众多的设计元素拼凑组合，在仿生设计部分缺乏独特性。比如，只是将仿生设计与明信片等产品单一结合，或者完全仿照某种生物制作工艺品，缺乏自身的独特性。

### 二、仿生设计在文化创意产品设计中的应用

#### （一）形态仿生设计的应用

形态仿生设计，是指在文化创意产品设计时通过简化或者模仿生物体的外部特征，利用艺术的处理手法将该要素应用于文化创意产品设计中，主要包含三个方面。

1. 具体形态仿生

具象形态仿生是利用自然界中的各种生物外形，采取变形、夸张的艺术手法，相近地展现事物的形态，实现吸睛的视觉效果。在文化创意产品设计中运用仿生原理可以提升文化创意产品的创新力与创造性。因此，可以将这种设计理念运用在一些文化创意产品中，如将自然界中的花、鸟、鱼、虫等元素的外部特征与手机壳、钥匙扣、杯子的形状相结合。

2. 抽象形态仿生

抽象形态仿生指以事物的外部形态为基础，加以总结提炼，通过变形、夸张的手段，对仿生对象的形态特征加以利用，使其突破本身的自然形状，做到"神似而形不似"。如某设计师设计的墨竹挂钟。古人常常以"宁可食无肉，不可居无竹。无肉令人瘦，无竹令人俗"表达竹子在国人心中的地位。这款挂钟的钟面是我国著名山水画大师绘制的墨竹作品，指针设计成竹叶的形状，随着时间流逝，竹叶巧妙地与表盘中的画作融为一体，俨然成为墙上的一幅墨竹画作，而表框变成了画框。拥有这种仿生时钟，抬头间仿佛感受到微风与月光相互交错下的竹影，

将竹子的抽象形态传递给受众。

### 3. 意象形态仿生

意象形态仿生是结合事物的形和意方面的因素进行设计，使文化创意产品不仅具有自然的视觉效果，还具有寓意与象征。意象形态仿生设计的重点是将事物外形与产品之间的隐藏联系进行深刻剖析，在对比中建立仿生对象与文化创意产品设计之间的关联。比如，在推出猫形吉祥物时，设计理念在利用猫的外形之外，还引用了猫吉祥招财的寓意，将文化创意产品做到神形兼备。其中，招财猫举起的左爪和右爪分别代表招福、招财。

## （二）结构仿生设计的应用

结构仿生设计是从不同的角度找到事物与文化创意产品之间的关联，将其融入产品的设计之中。在仿生设计中，一般将植物的茎叶、动物的肌肉、骨骼结构，甚至是自然景观的细节纹路融入产品设计之中。比如，海洋馆中售卖的由贝壳托起的水晶球产品，水晶球中的岩石及外部的贝壳纹理细致。又如，杭州雷峰塔景区推出的冰箱贴、钥匙扣等文化创意产品上雷峰塔的细节部分十分清晰，富有质感。

## （三）色彩仿生设计的应用

色彩仿生在文化创意产品设计中占据极高的地位。在仿生设计初期，就需要将形态与色彩相结合。由于一种颜色在不同环境中的感受均不一样，可以将大自然中的显性色彩运用于文化创意产品设计中。比如，花朵的鲜红、树叶的翠绿、动物具有警示作用的皮毛色彩均可运用到产品中。北京故宫博物院推出的"如朕亲临、奉旨旅行"的腰牌卡，拥有明黄色与深蓝色两种配色。其中两条龙的颜色配置大胆，十分亮眼。腰牌是古代官吏别在腰间的出入"通行证"，北京故宫博物院利用腰牌的概念及颜色，与现实中的行李牌相结合，既可以作为公交卡套，又可以作为行李牌，亮丽的颜色深受大众的喜爱。

## （四）功能仿生设计的应用

功能仿生主要利用自然界中的生物存在能力与天然材料的属性进行设计改造。在古代春秋时期，鲁班就曾利用锯齿草叶片的特性，制造出了锯子。功能仿生在产品设计中具有重要的地位，深受设计师的喜爱。比如，利用一些景观建筑的独特属性设计开瓶器、门挡，根据某地景点特有的鸟类设计成哨子，利用某地特有的莲花形状制作储物架，将博物馆的画作印制成帆布包，都是将功能仿生与文创相结合的例子。

综上所述，文化创意产品在迎合大众的审美、消费需求中具有极大的作用。而生物仿生是结合生物的特性与产品的结构应用于实际的产品设计中，二者之间相互关联，各有特色。由于仿生设计在具体的应用中没有特殊的限制，因此可以和文化创意产品的设计相结合，发挥意想不到的独特效果。

# 第四节　文化新经济与文化创意产品设计

随着人民生活水平的提高，对文化创意产品精神满足的需求会超越功能性需求。通俗地说，已经没多少人会去一元店买杯子，哪怕功能完全一样，但仅仅为了让自己愉悦，受众也愿意选择贵十几倍甚至几十倍较为精致的杯子。文化新经济下消费者消费心理的变化，为传统文创产业带来巨大的转型机会。

## 一、文化新经济

时至今日，高新技术的发展及其产业化对人类社会和经济的发展带来深刻的影响，以技术、知识为主要标志的新经济已成为主宰世界的主要经济形式。

文化新经济是以文化元素核心为内在驱动，以拉动文化消费为主要手段，以产业转型升级为最终目的的新型经济模式。文化新经济是从发展经济的角度往回看，如何把文化元素提炼出来，附着到存量经济体制上，使之焕发出新的活力，这是文化新经济的独特内涵。概言之，文化新经济从经济发展的量性指标来衡量，提炼文化元素，与新的方式结合。文化新经济为文化创意产品的发展指明了方向。

比如，美国迪斯尼，首先提炼出影视形象，把每个形象元素标准化，然后把不同的形象元素使用在迪斯尼餐厅、迪斯尼文具、迪斯尼乐园等产品中，由卡通形象衍生出各种各样的商品，这就是"后商品时代"，在经营中一般采用授权经济模式。美国迪士尼的文化创意产品是以迪士尼卡通人物形象为原点进行设计的，则这些人物形象可称为迪士尼的目标文化。如何提取和运用目标文化将成为文化新经济下文化创意产品设计的关键。

## 二、文化新经济下文化创意产品的设计原则

从文化新经济的角度讨论文化创意产品的设计工作，就是从产品如何产生最大效益反向推导产品的设计工作。文化新经济概念所描述的特征表现为：首先是文化经济的高度融合和统一，文化需结合资本、技术、产品等要素融合发展，各要素之间相互渗透，很难再将文化或文化产品单个区分对待和研究；其次，融合文化和创新发展才能成为文化创意产品的核心竞争力。综上，提炼以下三点文化新经济下文化创意产品应遵循的设计原则。

### （一）绿色设计原则

在人类的发展史上，工业设计为人类带来了现代生活和环境，但是也加速了资源的消耗和利用，对地球的生态平衡已经构成影响。从文化新经济的角度看，应重视文化创意产品的绿色设计，即在产品的整个生命周期中，在保证功能的前提下，减少对环境的污染，对能源的消耗。

在文化创意产品的选材、加工、包装和产品全生命周期，要考虑其可拆卸性、可回收性、可维护性和可重复利用性等。

## （二）倡导更加科学的生活方式

文化新经济关注的受众群体是人，所以更积极倡导人们以更舒适、更科学的行为方式生活，这也成为工业设计师的主要任务，无论哪一项开发设计都应遵循这项原则。文化创意产品也是一样，文化新经济下科技进步、经济发展，人们的生活质量将被推向一个极致，在这样的条件下，文化创意产品应更加重视引导人们以更科学的方式生活。

## （三）以目标文化为核心原则

每种文化创意产品都要为目标文化服务，文化创意产品可以被认为是消费者和文化之间的纽带，人们使用文化创意产品的过程也是对这种目标文化学习和传承的过程。文化新经济下，每一种目标文化就好比市场竞争下每个独具特色文化的品牌。在收入水平日渐提高的当下，人们追求个性化定制和追逐时尚的消费审美，目标文化能满足人们心理的需求。因此，文化创意产品应该以每种目标文化为核心进行设计开发，所设计的产品应该完全符合并传承这种目标文化。例如，故宫文化创意产品，是完全以故宫文化为核心设计制作的文化创意产品，这样的产品具有极强的针对性，继承了故宫文化，在面对喜爱故宫文化的消费者时自然是十分畅销。

# 三、文化新经济下文化创意产品的设计创新

文化创意产品应是经济性和文化性、继承性和创造性的统一。目前市场上存在的文化创意产品良莠不齐，且可以借鉴的研究成果较少。研究文化新经济可以为文化创意产品设计提供创新思路。文化新经济下设计师们可以借助新技术、新媒介扩充文化创意产品形式，使文化创意产品以更具现代气息的形式为人们展示鲜活的文化内涵。综上，提炼以下两种文化创意产品创新方式。

## （一）结合新媒介创新

传统媒介的文化创意产品营销是直接推销产品，文化新经济下新媒介环境下的文化创意产品营销需要对产品本身、新媒体传播内容及用户需求三者关系进行深入思考，可制造出别具一格又具有亲和力的网络新媒介传播形象，从而征服消费者，实现营销目标。文化新经济下数字媒体的运用，可以加大文化创意产品和需求者的接触面积，通过现代媒体的传播，以最有效的方式将文化创意产品信息传播出去。

## （二）结合新技术创新

新技术的发展往往会为经济发展、产品更新带来巨大动力。文化新经济下虚拟现实设备和3D打印设备具有实惠的价格和成熟的技术，被越来越多的文化创意产品设计师所使用，与技术的碰撞将为文化创意产品设计带来意想不到的机遇，并为使用者带来新体验、新感受。

# 第五节　非遗文化与文化创意产品的设计

非物质文化遗产是人类宝贵的精神财富和物质财富，是人类长期生活的智慧结晶，是中华文化代表性的符号，将其发展和传承是一项时不我待的事。在国家和社会各界的共同努力下，我国文化遗产保护取得了明显成效。与此同时，也应清醒地看到，当前我国文化遗产保护面临许多问题，形势严峻，不容乐观。现在非遗文化面临非遗传承人技艺无人传授，冷门非遗产品无人买单，非遗产品缺乏创新、与现代大众的审美不符等问题，阻碍了非遗文化的传承与发展。与文化创意产业有一定的契合性。在以文化创意产品为新载体完成文化创意产业背景下，文化创意产品可以完成非遗文化在现代文明中的传承与活化。通过对非遗文化与文化创意产品的结合进行论证，可以发掘出非遗文化创新的具体方法，提升产品的经济价值和文化价值。

## 一、非遗文化创意产品设计中的问题

### （一）产品的文化性与实用性失调

文化创意产品作为一种物质产品，虽然是表达文化情感的形式，但实用功能应该是首位的；文化创意产品较普通物质产品来说，因文化内涵的存在种类更加丰富。目前文化创意产品大都是抱枕、手机壳、钥匙扣、杯子等，非遗文化元素与产品载体脱节，缺乏一定的互通性，消费者很难通过此类产品联想到相应的非遗文化内涵。

### （二）产品的价格相对较高

很多非遗项目是手工制作的，耗时费力，成本相对较高，设计出来的产品价格高昂，大部分消费者难以接受；如果将非遗产品投入工厂生产，产品制作工艺难以符合非遗标准，缺乏创新性，很难吸引消费者，难以产生购买欲望。

### （三）产品的品牌意识薄弱

非遗文化相对流行文化受众范围较小，多以小型工厂及小型作坊等生产，知名度较低。就目前状态而言，对非遗产品的开发还仅仅停留在政府主导的抢救性的保护工作上，文化企业还未能在非遗资源开发和品牌塑造上发挥主导作用。甚至许多非遗项目传承人因为文化程度低，或身处偏远的地方，对非遗的认知不够，保护意识差，品牌意识更差。总的来说，非遗资源开发相对滞后，在产业化的过程中缺乏长期的、系统性的规划工作，没有形成整体循环的生态性产业格局，还局限在对极个别单项产品开发的思路之中。

### （四）产品的推广体系不健全

在现在的互联网时代，人们足不出户就可以买到自己心仪的产品，而往常的非遗工艺品大都在文玩市场、展会等这种小型的场所进行售卖，宣传范围比较窄，受众面积小且有局限性，因此在建立品牌的基础上还要以更多的平台和方式去推广。

## 二、非遗文化创意产品的创新设计

### （一）文化性

文化是文化创意产品的灵魂，更是一个地域的标签，将非遗文化合理提取并用全新的方式表现出来，再根据载体的不同进行转化和调整，可以使其具有更高的文化价值，充分体现出传统风格与现代风格的结合，同时体现民间艺术家的巧思及当地深厚的民俗文化底蕴。

### （二）创新性

为解决市场上文化创意产品种类单一的问题，还需要具有创新性，产品的定位需要根据人们的审美需求进行实时创新，紧贴人们的生活，使其达到最高的纪念价值与收藏价值。

### （三）可行性

可行性主要体现在文化创意产品的品质方面。作为一种纪念品，质量必须有保证，不可存在粗制滥造，不然不仅实用性差，也是对中国传统文化的一种不尊重，因此需要以可行性为基础进行设计。

### （四）情感性

产品应满足与消费者的情感互动，要将传统文化结合当下消费者的情感需求加以转换，与消费者产生情感上的共鸣，让消费者感到亲切，让消费者在追求时尚的同时有一种家的归属感。每一件物品的设计理念及设计思路都是产品专属的故事，不同产品能满足不同消费者的情感需求。

## 三、非遗文化创意产品的实践思路

首先，在非遗文化创意产品线下发售初期，应控制供应出售产品的数量，可以通过小部分人群购买评价，引起大众好奇心，再一点点扩大供应出售产品量。根据购买情况有针对性地控制不同类型的非遗文化创意产品生产量再到后期全面广泛出售。

其次，要借助网上平台来实现线上渠道的开拓。可以在线上提供材料包，引导手工体验。引导受众亲身进行手工制作是一种深度的体验途径，随着电子商务的普及，一些无法身临其境的受众也可以通过各种途径收到材料包，对手工艺类的非遗项目进行参与体验。

便捷是网络时代各个领域最普遍的特征。针对非遗项目，进行材料包的设计开发无疑是一种更加简单快捷、传播面更广的方法，传承人需要在确定产品后，计算好所需材料的内容与数量，搭配成相应的材料包。在这个过程中，成熟设计师的参与对强化材料包的视觉效果、提高实际销售量有较大作用。材料包中除手工体验所需要用到的材料之外，制作教程也是必不可少的。对一些制作步骤相对简单的产品，直接在材料包中提供说明书即可；而对一些相对复杂的手工制品，有时需要给用户提供制作的电子教程或视频演示，相应的做法是在材料包中提供可以扫描的二维码，用户可以通过扫描二维码，获得详细的视频教程，在观看后达到手工体验的目的，使越来越多的人了解非遗并传承。在此期间不断积攒口碑，不断积累用户，了解客户需求，最终扎根市场。

消费是最好的保护。为了非遗的传承和发展，用更好的设计方法体现文化的精髓，以文化创意产品的形式出现在大众视野，无疑是一个好的解决办法。

# 第七章　文化创意产品的开发利用

## 第一节　生态环境设计利用

### 一、"文化创意 +"田园综合体建设

#### （一）田园综合体的概念

田园综合体是集现代农业、休闲旅游、田园社区为一体的特色小镇和乡村综合发展模式，是在城乡一体格局下，顺应农村供给侧结构改革、新型产业发展的趋势，结合农村产权制度改革的特点，实现中国乡村现代化、新型城镇化、社会经济全面发展的一种可持续性模式。

田园综合体是指综合化发展产业和跨越化利用农村资产，是当前乡村发展代表创新突破的思维模式。

#### （二）田园综合体的思考原点

田园综合体的思考原点来自中国乡村的发展之路，中国社会的一个重要问题是城乡二元问题——二元就是指不同，这个"不同"形成的差距不仅是物质差距，更是文化差距。解决差距的主要办法是发展经济，而发展经济的主要路径是产业带动。那么，在乡村社会，什么样的产业可以并需要发展起来呢？在一定的范畴里，快速工业化时代的乡镇工业模式之后，乡村可以发展的产业选择不多，较有普遍性的只有现代农业和旅游业两种主要选择（在这里，我们并不否认少数地方具备特色的其他产业条件，如科技、加工业、贸易等，但我们这里讨论的是具有普遍性的产业）。农业发展带来的增加值是有限的，不足以覆盖乡村现代化所需要的成本。而旅游业的消费主体是城市人，它的增加值大，因此，旅游业可作为驱动性的产业选择，带动乡村社会经济的发展，一定程度地弥合城乡之间的差距。

在这个过程中，要注重用城市因素解决乡村问题。解决物质水平差距的办法，是创造城市人的乡村消费。解决文化差异问题的有效途径，是城乡互动。关于城乡互动，最直接的方法就是在空间上把城市人和乡村人"搅和"在一起，在行为上让他们互相交织。我们理解的"人的城镇化"，不是上了楼就是城市人了，也不是解决了身份待遇就是城市人了，文化得以弥合才是人的城市化。那么，最有效的途径就是城乡互动。

田园综合体与农旅综合体规划都是城乡统筹规划体系的有效补充，是新型城镇化发展路径

之一和重要抓手，是农业农村统筹发展，城乡融合的主要规划设计类型。

首先，田园综合体与农旅综合体规划，从规划内容上看，都是强调现代农业产业发展，是立足农业科技与农业产业链的共同建设，促进第一、第二、第三产业融合发展；促进生态效益和经济效益的统一；是注重生态文明建设发展的主要方式之一；是促进城郊地区和连片乡村区域的农民创业增收、增强集体经济的主要方式。形成城乡统筹、融合联动发展的局面，例如中农富通城乡规划设计院的规划设计案例强调农业产业发展体系的合理构建，突出农业多功能创新运营路径，带动内生产业集群发展，促进乡村特色小镇的统筹建设。

其次，田园综合体规划的侧重点在于更加综合强调主导农业产业发展、生态环境建设、乡村田园社区建设及农村集体经济、村民的共同参与和就业增收的一体化规划。农旅综合体规划的侧重点在于更加强调农业产业的业态叠加，农业旅游的持续内生型产业集群打造，强调多功能农业发展的创新与运营，提升农业产业附加值的重要发展方式是以市场为主体，融合区域资源统筹发展，为城乡居民提供休闲旅游教育主导功能。

因此，田园综合体与农旅综合体规划在规划编制上应统筹城乡发展，创新城乡融合运营路径，应强化"农业＋产业体系"构建，增强农业科技引领和持续发展动能。

### （三）田园综合体对农村建设的实践意义

在深入推进农业供给侧结构性改革的背景下，随着城市居民体验农耕生活、欣赏田园风光、品味乡村土产、了解风土人情等需求的多元化，乡村发展有足够的空间在"特色"上做文章。"田园综合体"着眼于现代农业、休闲旅游和配套的社区生活，进而形成产业的集结。其对农村建设发展有如下实践意义。

#### 1. 田园综合体是促进城乡一体化发展的有效模式

城乡一体化，首先要解决的是"人的城市化"，乡村要发展起来，城市要反哺乡村，最终实现乡村与城市的融合发展，在美丽乡村实现文化、旅游、现代农业等多产业的综合，从单一第一产业往第二、第三产业延伸。在"田园综合体"这个空间内实现农村居民和城市居民的面对面"对话"，让城市居民了解乡村文化，让更多的农村人接触到城市文明。人们的生产生活既能享受到城市的便捷，又能体会到乡村环境的优美、身心的舒畅，缩短了城市与乡村的距离。

#### 2. 田园综合体是改造农村生产经营方式的有效途径

分散小规模经营的农业生产方式会阻碍新技术的接受和传播，田园综合体的开发引发了科技、管理、生产销售模式等一系列变化，使农村在传统农业生产的基础上形成生态农业、观光农业、休闲农业等不同的农业发展模式，还将发展文化主题客栈、民宿等新兴服务业。

#### 3. "田园综合体"是探索农业综合服务体系的有效尝试

田园综合体这种新型的农业生产经营组织方式，能够发展多种形式的规模经营，为构建集约化、专业化、组织化、社会化相结合的农业服务体系提供经验。在田园综合体内，农业也变成体面作业，让劳动产生一种美感，做一个职业农民将成为很多人的就业选择。包括农业工人、手工工匠、物管安保等在内的外来参与者，在保证农业生产的前提下，贡献自己的力量，进行农田和农事的实践，并通过田园综合体搭建的平台形成田园"朋友圈"，服务整个系统。

### （四）田园综合体的建设理念和功能区域

#### 1. 田园综合体的建设理念

（1）突出"为农"理念，坚持以农为农，广泛受益

建设田园综合体要以保护耕地为前提，提升农业综合生产能力，在保障粮食安全的基础上，发展现代农业，促进产业融合，提高农业综合效益和竞争力。要使农民全程参与田园综合体的建设过程，强化涉农企业、合作社和农民之间的紧密型利益联结机制，带动农民从三产融合和三生统筹中广泛受益。

（2）突出"融合"理念，坚持产业引领，三产融合

田园综合体体现的是各种资源要素的融合，核心是第一、第二、第三产业的融合。一个完善的田园综合体应是一个包含了农、林、牧、渔、加工、制造、餐饮、仓储、金融、旅游、康养等各行业的三产融合体和城乡复合体。要通过第一、第二、第三产业的深度融合，带动田园综合体资源聚合、功能整合和要素融合，使城与乡、农与工、生产生活生态、传统与现代在田园综合体中相得益彰。

（3）突出"生态"理念，坚持宜居宜业，三产统筹

生态是田园综合体的根本立足点。要把生态的理念贯穿田园综合体的内涵和外延之中，要保持农村田园生态风光，保护好青山绿水，留住乡愁，实现生态可持续。要建设循环农业模式，在生产生活层面都要构建起一个完整的生态循环链条，使田园综合体成为一个按照自然规律运行的绿色发展模式。将生态绿色理念牢牢根植在田园综合体之中，始终保持生产、生活、生态统筹发展，成为宜居宜业的生态家园。

（4）突出"创新"理念，坚持因地制宜，特色创意

田园综合体是一种建立在各地实际探索雏形基础上的新生事物，没有统一的建设模式，也没有一个固定的规划设计，要坚持因地制宜、注重保护和发扬原汁原味的特色，而非移植复制和同质化竞争。要立足当地实际，在政策扶持、资金投入、土地保障、管理机制上探索创新举措，鼓励创意农业、特色农业，积极发展新业态新模式，激发田园综合体建设活力。

（5）突出"持续"理念，坚持内生动力，可持续发展

建设田园综合体不是人工打造的盆景，而是具有多元功能、具有强大生命力的农业发展综合体，要围绕推进农业供给侧结构性改革，以市场需求为导向，集聚要素资源激发内生动力，更好满足城乡居民需要，健全运行体系，激发发展活力，在各建设主体各有侧重、各取所需的基础上，为农业农村农民探索出一套可推广、可复制、可持续的全新生产生活方式。

#### 2. 田园综合体的功能区域

从田园综合体应具备的功能区域看，主要包含产业、生活、景观、休闲、服务等区域，每

一区域承担各自的主要职能，各区域之间融合互动，形成紧密相连、相互配合的有机综合体。一是农业产业区。主要是从事种植养殖等农业生产活动和农产品加工制造、储藏保鲜、市场流通的区域，是确立综合体根本定位，为综合体发展和运行提供产业支撑和发展动力的核心区域。二是生活居住区。在农村原有居住区基础之上，在产业、生态、休闲和旅游等要素带动引领下，构建起以农业为基础、以休闲为支撑的综合聚集平台，形成当地农民社区化居住生活、产业工人聚集居住生活、外来休闲旅游居住生活3类人口相对集中的居住生活区域。三是文化景观区。以农村文明为背景，以农村田园景观、现代农业设施、农业生产活动和优质特色农产品为基础，开发特色主题观光区域，以田园风光和生态宜居，增强综合体的吸引力。四是休闲聚集区。是为满足城乡居民各种休闲需求而设置的综合休闲产品体系，包括游览、赏景、登山、玩水等休闲活动和体验项目等，使城乡居民能够深入农村特色的生活空间，体验乡村田园活动，享受休闲体验乐趣。五是综合服务区。指为综合体各项功能和组织运行提供服务和保障的功能区域，包括服务农业生产领域的金融、技术、物流、电商等，也包括服务居民生活领域的医疗、教育、商业、康养、培训等内容。这些功能区域之间不是机械叠加，是功能融合和要素聚集，以功能区域衔接互动为主体，使综合体成为城乡一体化发展背景下的新型城镇化生产生活区。

## （五）田园综合体探索的主要模式

近年来，全国各地立足当地实际，以农业产业为支撑，以美丽乡村为依托，以农耕文明为背景，以农旅融合为核心，探索建设了一大批具有田园综合体基础和雏形的试点，模式不一，特色各异，取得了良好成效和有益经验。这些探索试点主要包括以下几种模式：

### 1. 优势特色农业产业园区模式

该模式是以本地优势特色产业为主导，以产业链条为核心，从农产品生产、加工、销售、经营、开发等环节入手，打造优势特色产业园区，以此为基础，带动形成以产业为核心的生产加工型综合体。例如，四川省青神县依托当地竹产业，打造竹林湿地公园、竹编产业孵化园、中国竹艺城国际博览园等延伸产业链条，形成聚集竹种植、加工、销售于一体，旅游、电商、文娱完整的产业链条，促进农民增收；眉州市彭山区在发展优势特色柑橘产业集群过程中，集中开展标准化果园建设，通过科技示范和品种改良，提升柑橘产业品牌美誉度，依托农民专业合作社和果品协会打造柑橘品牌，并通过电商、团购、物流等方式带动产品增值、产业增效和农民增收。

### 2. 文化创意带动三产融合发展模式

该模式是以农村第一、第二、第三产业融合发展为基础，依托当地乡村民俗和特色文化，推动农旅结合和生态休闲旅游，形成产业、生态、旅游融合互动的农旅综合体。

### 3. 都市近郊型现代农业观光园模式

该模式是利用城郊区位独特优势，以田园风光和生态环境为基础，为城乡居民打造一个贴近自然、品鉴天然、身心怡然的聚居地和休闲区，领略和感受农耕文明和田园体验，形成一个以休闲体验为主要特色的生活型综合体。

### 4. 农业创意和农事体验型模式

该模式依托当地农业生态资源，创新乡村建设理念，以特色创意为核心，传承乡土文化精华，打造青年返乡创业基地和生态旅游示范基地，开发精品民宿、创意工坊、民艺体验、艺术展览等特色文化产品，发展新产业新业态，构建以乡土文明和农事体验为核心的创意型综合体。

## （六）田园综合体建设重点把握的几个问题

### 1. 在建设定位上，要确保田园综合体"姓农为农"的根本宗旨不动摇

田园综合体的建设目标是为当地居民建设宜居、宜业的生产、生活、生态空间，其核心是"为农"，特色是"田园"，关键在"综合"。要将农民充分参与和受益作为根本原则，充分发挥好农民合作社等新型农业经营主体的作用，提升农民生产生活的组织化、社会化这一方面，要切实保护好农民的几项权益。一是保护农民就业创业权益。田园综合体中的产业要与当地的资源禀赋条件相匹配，以农村现有的产业为基础，并进行优化升级，要给当地农民提供充分的就业和创业的机会和空间，确保农民在综合体建设中全面受益。二是保护产业发展收益权益。农村居民往往受到资金、技术、管理等方面的限制，在休闲农业、特色产业发展等方面难以与外地工商资本竞争，要建立有效的利益联结机制，防止本地居民在产业发展和利益分享中被"挤出"，集体资产被外来资本控制。三是保护乡村文化遗产权益。要用历史和发展的眼光保护乡村里的特色民居、遗址、宗祠、寺庙、民俗、非物质文化遗产等，防止过度设计、过度改造和过度开发，在发展乡村旅游中防止民俗文化活动庸俗化。四是保护农村生态环境权益。要把宜居宜业作为田园综合体的鲜明特色，在追求"金山银山"的同时留住"绿水青山"，经济发展规模要在综合体的环境承载能力范围之内，根据经济规模确定合理的建设规模，防止盲目造镇。尤其要强调的是，田园综合体要展现农民生活、农村风情和农业特色，核心产业是农业，决不能将综合体建设搞成变相的房地产开发，也不是大兴土木、改头换面的旅游度假区和私人庄园会所，确保田园综合体建设定位不走偏走歪，不发生方向性错误。

### 2. 在推进力量上，坚持以农业综合开发为平台，集中相关政策支持合力

要充分发挥有关扶持政策的合力，从基础设施、产业发展、新民居建设、美丽乡村、脱贫攻坚等方面集中支持田园综合体建设。田园综合体试点涉及面广，投入大、建设期长。要发挥地方政府的主导作用，强化与相关涉农政策和资金的统筹衔接，把农村生产、生活和生态等各领域的支持政策紧密结合，探索以田园综合体试点为平台，统筹推进生产生活生态领域建设，促进循环农业、创意农业、农事体验等方面发展，拓展农业的多功能性，力争建设一片、成效一片，试点一个、务求精品。要根据田园综合体建设需要，加强与国土、规划、建设、金融等方面的沟通合作，围绕综合体建设提出支持政策措施。要充分发挥好政府、企业、村集体组织、合作社、农民等建设主体的作用，坚持以产业链条为主线，以利益联结为纽带，以合作共赢为动力，通过建立科学健全的市场化运行机制，使每一个建设主体都能明确自身定位，主动参与和投入综合体建设，各尽其能、各取所需，形成建设合力。尤其要处理好政府、企业和农民这三方面

的利益关系，确保地域得发展、企业得效益、农民得实惠，充分调动各方面投入、建设和运营的积极性。

### 3. 在建设内容上，重点推进六大支撑体系建设

以农业综合开发为平台推进田园综合体建设，要围绕建设目标、功能定位和模式特色，重点抓好生产体系、产业体系、经营体系、生态体系、服务体系、运行体系的六大支撑体系建设。夯实基础，搭建平台。按照适度超前、综合配套、集约利用的原则，集中连片开展高标准农田建设，加强田园综合体区域内"田园＋农村"基础设施建设，整合资金完善供电、通信、污水与垃圾处理、游客集散、公共服务等配套设施条件。突出特色，壮大产业。立足资源禀赋和基础条件，围绕田园资源和农业特色，做大做强传统特色优势主导产业，推动土地规模化利用和三产融合发展，大力打造农业产业集群；稳步发展创意农业，开发农业多功能性，推进农业产业与旅游、教育、文化、康养等产业深度融合，推进农村电商、物流服务业发展。创业创新，培育主体。积极壮大新型农业经营主体实力，完善农业社会化服务体系，通过土地流转、股份合作、代耕代种、土地托管等方式促进农业适度规模经营，优化农业生产经营体系，逐步将小农户生产、生活引入现代农业农村发展轨道。培育和开发农业的多功能性，促进绿水青山变为金山银山。绿色发展，改善生态。优化田园景观资源配置，深度挖掘农业生态价值，统筹农业景观功能和体验功能，凸显宜居宜业新特色。积极发展循环农业，充分利用农业生态环保生产新技术，促进农业资源的节约化、农业生产残余废弃物的减量化和资源化再利用。完善功能，强化服务。要完善区域内的生产性服务体系，通过发展适应市场需求的产业和公共服务平台，聚集市场、资本、信息、人才等现代生产要素，推动城乡产业链双向延伸对接，推动农村新产业、新业态发展。集中合力，顺畅运行。确定合理的建设运营管理模式，政府重点负责政策引导和规划引领，营造有利于田园综合体发展的外部环境；企业、村集体组织、农民合作组织及其他市场主体要充分发挥在产业发展和实体运营中的作用；农民通过合作化、组织化等方式参与综合体建设并多重受益。

### 4. 在实施路径上，要充分发挥市场机制作用，鼓励基层创新探索

田园综合体建设内容丰富，涉及面广，对资金、土地、科技、人才等要素有着较大需求。要坚持以政府投入和政策支持为引领，充分发挥市场机制作用，激发综合体内发展动力和创新活力。在资金投入上，要改进财政资金投入方式，综合考虑运用补助、贴息、担保基金、风险补偿金等多种方式，提升财政使用效益。积极与农行、农发行、国家开发银行等金融机构对接合作，通过"财金融合"等方式创新投融资机制，充分发挥财政与金融资本的协同效应。田园综合体建设主体多元，不同的利益诉求决定了建设资金来源渠道广泛多样，要通过财政撬动、贴息贷款、融资担保、产权入股、PPP等模式，引入更多的金融和社会资本。在完善科技支撑、吸引人才聚集、发展新产业新业态、健全运行服务体系等方面，也要坚持以市场机制为主，配合相关政策支持，使综合体走上充满活力的良性发展轨道。要积极鼓励基层和市场主体，以田园综合体为平台，在运行机制、管理方式、业态形式、建设模式等方面进行探索，用创新的办法解决建设过程中遇到的问题和瓶颈。注重田园综合体建设经验积累和规律总结，为全面推开

试点建设奠定基础。

## 二、"文化创意+"三产融合建设

### （一）农村三产融合的内涵

从世界各国的农业实践看，一家一户的分散型家庭经营是农业生产的组织基础。随着农业生产从自给自足的自然经济发展到专业化、集约化的商品经济，农业的家庭经营方式使农户需要小规模、高频率地进入市场，交易费用急剧增加，大致包括获得价格信息、谈判、维护及签约成本及监督、解决争端、重新协商、仲裁、诉讼成本等。从现阶段农户所处的市场环境来看，农业的家庭经营方式已经不能适应城乡居民对于农业生产的消费需求与综合开发农业多功能的生产需求，需要借助先进的组织形式。

根据交易成本理论分析，只要单个农户所分摊的组织制度成本小于一般的市场交易费用，农户就有动力选择一定的组织形式进入市场。因此，农业生产要适应目前我国城乡居民消费结构升级的新形势，改变以往简单的农业生产状态，就必须采用新的组织模式，降低交易费用。作为农村产业发展的新形态，农村三产融合的初始动因和最终目的都是为了节约交易费用，改善农产品（服务）的供给效率。

一是能够缩短农产品生产与消费间的交易距离。农村三产融合后，通过互联网等信息技术，低成本、全方位地搜集市场需求信息，由复合型市场经济组织统一完成农业多功能开发，增强农产品供给结构对其需求结构变化的适应性，实现供需一体化。

二是跨产业存在的扁平化、柔性化经济组织能够降低市场交易费用，发挥生产要素的集聚效应。在农村三产融合中，不同产业的企业利用战略联盟、兼并收购等组织创新，通过农业与旅游、文化、创意等产业的横向融合及生产、加工、销售、服务等环节的纵向融合，节约交易费用。

综上，本书认为，农村三产融合是以农业多功能综合开发为核心，以满足多样化消费需求为前提，利用技术创新、制度创新，通过纵向的农业产业链深化、横向的农业功能拓展等形式实现农业内部各部门之间、农业各部门分别与第二、第三产业各部门两者之间及农业、第二产业、第三产业三者之间的交易成本内部化，不断产生农业新业态、新模式的过程。

### （二）农村三产融合发展的内生条件

所谓三产融合发展的内生机制，是相对于外生发展机制而言的，它是指三次产业融合发展在农村生成的内在要素和条件。农村的三产融合发展是需求相应的经济、自然和社会条件的，只有当这些条件到达相应的程度，才有可能完成农村三次产业的真正融合。

第一，"三产融合"发展在农村具有开放的市场系统和完善的市场机制。开放的市场系统，是土地、成本和劳动力等生产要素自由流动和农业生产运营者之间自由竞争的条件。随着家庭联产承包责任制和统分结合的双层经营体制的确立及农产品统购统销制度的取消，我国绝大多数农产品不断向商品化、市场化转变。这种转变极大地调动了农民的生产积极性，促进了农业和农村经济的发展，使农民也具有了一定的市场意识，这在一定程度上为实现农村的三产融合奠定了市场基础。但是，由于农业的特殊地位和作用，我国对农产品市场并未实行完全开放，农村的经济体制并没有真正实现由计划经济向市场经济转轨，农村市场体制还很不完善。

首先，农村市场经济制度系统不健全。例如，现行土地制度大大制约了土地的规模化和效益化经营。改革开放40多年来，我国农村土地制度依然是家庭联产承包责任制，随着工业化和城镇化的发展，这种高度分散的土地难以形成规模化经营，使农户难以抵御自然灾害和市场风险，严重影响了土地资源的配置效率，制约了农业生产效率的提高。而市场经济的显著特点就是能够灵活而有效地进行资源配置，它要求生产者能将自己的生产资料作为商品自由转让，使生产资料向经济效益高的部门转移，实现其效益的最大化。显然，目前我国三产融合发展的制度环境还很不完善，难以实现农业生产要素的合理流动，不能产生农业规模效益，形成有效的市场竞争力，迫切需要推进农村土地的流转工作，实现农产品的市场化和土地的规模化，可以说这是实现三产融合发展的依托。

其次，农村市场经济的软件系统不健全。软件系统指思想、意识和观念等。农民的市场观念相对落后，缺乏主动性，竞争意识、风险意识、开放意识和效益意识不强，无法面对变幻莫测的市场经济。三产融合发展可以说是农业范畴的一次思想解放，需要现代化的新理念、新人才、新技术和新机制。基于此，培育现代新型农业经营主体将成为农村三产融合发展的前提。

第二，三产融合发展需要有一个良好的生产及投资环境。在农村地区，农业资源除了农用土地和劳动力以外，还有许多显性资源没有充分利用与挖掘，如农村景观、农村传统文化、农村巨大的消费市场等，这为农村的三产融合提供了广阔的发展空间。我国地域宽广，地区发展不平衡，东部沿海发达省份的农村经济已进入工业化中期阶段，农村的产业融合升级具有比较成熟的投资环境。中西部地区的农村经济发展水平相对落后，生态环境比较脆弱，基础设施建设滞后，与现代化的经济发展还有很大的差距。

农村的交通、通信、气象等基础设施还不能跟上经济发展的速度，农村的信息化服务能力和服务体系还不健全，尤其是许多山区、半山区和贫困地区交通不便，供水、供电、供气和道路、网络通信设施建设不到位，农村地区的市场条件和新技术的获得及掌握能力均较差，加之农业生产的自然依赖性，使三产融合的经济效益具有很大的不确定性，这些都使农民及龙头企业投资动力不足，三产融合的产业链难以构建。此外，一些地方基层管理机构的不作为、低效率、官僚主义、以权谋私、腐败现象严重，这就造成投资者对农村投资的欲望大大降低。尤其令人担心的是，农民尤其是青年农民存在着严重的"贱农"心理，农村与城市生产生活条件的巨大差异使农村很难吸引农民返乡，造成农业精英大量流失，无人再愿意从事农业生产，造成农村的三产融合发展缺少最基本的实践主体。总之，只有良好的投资环境和农作环境，才能激发人们投身农业的兴趣，才能解决"谁来种地""怎样种地"的问题。

第三，三产融合发展需要具有较高的产业集聚力。三产融合发展实际上是第一、第二和第三产业集聚的过程。因此，三产融合不仅需要成熟的市场体制，还要依靠产业集群的力量来发展。能否实现同一类产业或相关产业在农村汇聚，是产业融合发展的前提和基础。目前，我国农村的乡镇企业在农业产业化和推动国民经济发展方面起到了很重要的作用，在农村形成了相对简单的产业聚集，而当前我国许多地区正在进行的三产融合发展的实践也是在农业和第二、第三产业中较低层次的融合，比如农产品加工业、农家乐等，可以说，这为三产融合初步形成奠定了基础。总体而言，中国农村地区的产业集群还处于点状零星发展的起步阶段，产业链内部企业规模小、层次低，部分企业经营管理粗放，产品档次偏低，装备技术水平不高，还没有比较成熟、各种配套系统完善的产业集群。而农村产业集聚力的形成也非一日之功，既需要农村基础设施的不断完善，也需要劳动力的不断积聚，同时还需要形成初具规模的人口积聚，这样才能真正实现农产品生产、加工、服务一体化的产业效应。

### （三）农村三产融合的动因与效应分析

#### 1. 农村三产融合的动因

农村三产融合通过技术创新和制度创新两条路径实现交易成本内部化，并由市场需求扩大提供外部牵引力、农业多功能综合开发提供外部推动力，四者共同构成农村三产融合的驱动因素。

第一，技术创新是第一驱动力。新技术在农业生产中的应用，有利于实现农业生产的智能化、数字化、信息化，打破农业内部各部门之间及农业与第二、第三产业之间的技术壁垒，改变农产品生产特征及价值创造过程，逐步消除农村不同产业间的边界。可以说，技术创新是农村三产融合的第一驱动力。以分子标记技术为引领的新一代生物育种技术在农业领域的应用，使农业科技研发与农业生产的融合互动水平显著提升，由此衍生而来的现代农业与精深加工、生物燃料、纺织等第二产业的融合互动也逐步展开。同时，互联网信息技术、物联网技术、信用支付技术、仓储物流技术等在农业生产经营中的应用，使农业与电子商务、现代物流、金融借贷等第三产业深度融合。"淘宝村""淘宝镇"的形成和发展不仅解决了传统农业生产中经常面临的农产品销售问题，减少了中间环节，实现了农产品生产—消费的一站式链接，还实现了包装设计、仓储物流、培训管理、广告营销等第三产业在农村地区的兴起和集聚。

第二，制度创新是重要保证。技术创新的研发、转化与实现，要求相应的制度创新通过产权、组织、管理等途径支持创新行为和保护创新成果；反过来，技术优势明显的创新产品又支持制度创新，使其成果得以显现在商业价值上。农村三产的深度融合离不开新技术的研发与应用，需要与之匹配的制度创新；同时，农村三产融合本质在于交易成本内部化，也需要相应的制度供给。因此，农村三产融合的演进与升级在一定程度上取决于制度创新及制度创新与技术创新的匹配和融合。可以说，制度创新是农村三产融合的重要保证，主要包括宏观层面的政府政策创新和微观层面的企业制度创新。政府部门可以通过机制体制革新、出台扶持政策等手段为农村三产融合提供良好的制度保障，例如，农村土地"三权分置"制度的制定与实施，有效促进了新型农业经营主体的生成与发展，发挥了农业专业化经营的分工效应和规模经济效应，为农村三产融合提供劳动力资源与空间资源。同时，面对农村三产融合带来的产业边界模糊、企业竞争加剧、新业态涌现等现象，相关企业必须打破原有的组织结构，在更广泛的层面增强技术创新能力，构建更具开放性和动态性、更利于技术创新与新业态形成的企业组织形式。

第三，市场需求是牵引力。21世纪以来，我国城乡居民的消费理念急剧变化，农产品消费日益多样化和营养化，农产品消费结构呈现持续升级的趋势，这就要求农业生产从单纯地提供初级产品向精深加工方向转变，积极发展农产品精深加工业。同时，随着城乡居民收入水平的提高，在工作和闲暇时间的选择上逐步出现经济学意义上的劳动供给曲线向后弯曲的情况，城乡居民的闲暇时间增加，并转变为居民消费需求的增长。休闲旅游成为城乡居民精神消费和服务消费的重要内容，而目前城市地区的休闲氛围不尽如人意，且农业多功能性相关的休闲旅游、文化体验等消费需求持续扩张，促使了农业与旅游创意、文化教育等产业的深度融合。可以说，市场需求是农村三产融合的牵引力。

第四，农业多功能是推动力。现代农业是具有多种功能的农业，多功能性是其显著特征。在农村三产融合过程中，农业各项功能将整体地、持续地参与到满足城乡消费需求、改善农业供给结构的市场交易中，使长期处于低效率、无效率运转的生态、文化等功能资源也能够得到有效利用，推动农业与旅游、文化创意等第三产业深度融合。可以说，农业多功能是农村三产融合的推动力。一方面，充分挖掘农业粮食生产、经济、社会、生态、文化功能，发挥农村地理空间广阔、生态环境优越、文化底蕴浓厚等资源优势，有利于满足消费市场对于食品安全、休闲观光、农事体验、亲近自然等多样化需求，这不仅能为新业态的形成和发展提供产业基础，也有利于改善农村生态环境破败、文化资源流失的局面。另一方面，坚持农业多功能综合开发能够保证产业融合产生的利益更多地保留在农村，实现农民的就近就业和增收，避免出现过去农业对接第二、第三产业时单纯地将农业视为原料供应部门的现象。

2. 农村三产融合的效应

第一，有利于降低市场交易费用。随着农业多功能综合开发的不断深入，任何单一企业在模块化生产的背景下只能在产业链某一个或者几个环节上取得相对优势。而随着农村三产融合的发展，产业要素将得到整合，资源配置效率将得到提高，农业与相关产业的关联性将进一步增强，农村产业价值链将得到延长和拓宽，其规模经济效益将得到充分发挥。融合后的农村跨产业价值链不但能够推动具备不同要素资源优势的关联主体间技术融合、产品融合、市场融合，还能够优化农村跨产业价值链，实现产业链中各市场主体的整体最优，降低单一产业链内部各环节间及跨产业链间的市场交易费用。

第二，有利于提升农业竞争力。以新技术、新产品、新业态为特征的农村三产融合作为一种突破传统范式的产业创新形式，正冲击并改变着传统的农村产业结构，加速实现农村产业结构的优化升级。产业融合与产业竞争力提升相互间具有内在的动态一致性，是影响产业竞争力提升的重要因素。农村三产融合利用纵向上的农产品功能深化与横向上的农业功能拓展等形式，能够形成共同的技术和市场基础，实现相关产业间的边界模糊化和发展一体化。农业与这些相关产业一旦形成广泛关联，经过产业融合和产业创新的连锁反应，将进一步提高农村各产业开拓市场、占据市场并获得利润的能力，使农村产业结构获得合理的调整和布局，从而提高农业产业竞争力。

第三，有利于促成新企业的产生。随着消费者需求的日益多样化、个性化及生物技术、信息技术、仓储物流的快速更新，农村三产的早期进入企业会捕捉到积极的市场信号并传递给关联企业，通过与相关企业合作带动生产投入，以达到生产要素深度开发和交易费用降低的目的。伴随着企业间持续性交流，企业信息交换频次增多，能够形成知识外溢效应与新知识，有利于营造良性的融合创新氛围，降低新企业诞生和进入的产业壁垒和市场风险。同时，农村三产融合的完善需要不同层次的市场主体，企业原有业务可能获得新生，交叉领域可能涌现新业务。根据经典的"结构追随战略"的要求，企业新业务的有效开展需要与之匹配的组织形态，也就为新企业的诞生和发展提供了市场空间。

第四，有利于塑造农业产业品牌形象。我国农业发展已进入品牌化时代，农业品牌创建是当前农业农村改革发展的新课题。随着农村三产融合的深度发展，关联企业及价值链支持部门的空间集聚现象、融合产业的地域特色将日益明显，为打造有影响力的农业品牌提供了坚实的产业基础。同时，区域农业产业品牌一旦形成并得到市场认可，便会带来稳定的消费群体和经营利润，带动区域经济发展，推动政府部门完善相关公共服务；而完善的政府公共服务，又将进一步为技术、资本等生产要素集聚、配置提供便利，促进关联企业信息共享和相互协作，进而增强农业产业品牌的市场竞争力，形成产业融合与产业品牌塑造的良性互动。

第五，有利于加快城乡经济一体化。农村三产融合的形成和深化，不是一个或几个企业集团所能完成的，必须从农业转型、城乡协调的视角来审视。农村三产融合过程是资源要素以农产品功能深化与功能拓展等各种形式在农村地区集聚，产生新业态、新模式的过程。在这一过程中，既可以吸引城市地区加工、物流、商贸、文旅等关联企业集聚，又可以通过产业创新形成新的关联企业，共同形成以空间集聚为主要特征的企业网络。这一企业网络将逐步成为城乡要素资源流动的主要载体，加速城乡资源流动与重组，有利于加强城乡间贸易活动、打破城乡交流壁垒、改善城乡二元结构、提高区域经济效率，进而实现城乡经济一体化发展。

### （四）推进农村三产融合发展的现实意义

在中国推进农村三产融合，不仅是中国城乡一体化发展的重要组成部分，也是提高农民增收的重要手段和实现农村地区可持续发展的客观要求，是促进中国实现农业现代化的重要途径。因此，推进中国农村三产融合发展具有非常重要的现实意义。

#### 1. 推进农村三产融合是中国城乡一体化发展的重要组成部分

近年来，中国城镇关系日益松动，城市变得更加开放，农民和工人之间开始了城乡之间的社会结构性流动。但由于城乡户口管理制度和城市劳动力就业与福利制度的存在，城乡之间的结构性矛盾只是有所缓和，并未根本消除。中国社会经济的发展历程已经证明，不能再局限于传统农业的范围来解决中国的农民问题，也不能局限于第一产业的传统农民的范围来解决中国的农民问题，必须统筹城乡发展，统筹第一、第二、第三产业的发展，从综合性的角度来考虑和解决中国的农民问题，进而为解决中国传统的城乡关系提供指导方向。从城乡收入的角度来看，农民并没有得到与中国经济高速增长相对应的利益，农民在国家发展过程中做出了巨大的贡献，尽管他们的收入有所增加，但并没有改变其弱势地位。推进农村三产融合是新时期农民增收、农业发展的新方向，它能够有效改变原有的耕作模式、生产模式及销售模式，延伸农业产业链，并让农民享受到更多的农业产业链增加带来的价值增值，缩小城乡收入差距，改变传统农村贫穷落后的局面，创造新型城乡关系，是中国城乡一体化发展的重要组成部分。

### 2. 推进农村三产融合是提高中国农民收入的重要手段

在利益分配机制方面，农村三产融合通过按股分配、按交易额返还利润等方式，促使农村三产融合主体不仅可以获得农产品原料的收益，还能够得到农产品加工和销售等环节中返还的部分利润，并且能够分享到通过农业产业链条延伸、扩展所带来的高附加值利润。通过大力发展农村三产融合，可以真正做到农业与其他产业一起"利益共享、风险共担"，是提高农民收入的重要手段。

### 3. 农村三产融合是实现农村可持续发展的客观要求

随着城乡一体化进程的加快，城乡之间要素流动加速，新的商业模式和新型业态全方位地向农村渗透，促使传统的农业生产方式和组织方式不断优化升级，农村三产融合的深化发展可以有效解决当前农村生态环境恶化、农村社会发展凋零等问题，实现中国农村地区的可持续发展。首先，在农村生态环境建设和保护方面，农村三产融合十分注重生态环境的保护。以生态农业为例，它将传统农业的精华与现代农业技术结合起来，既能够保证农业资源得到充分利用，又十分注重对农业资源和生态系统的科学养护和修复；既能够生产出安全卫生的农产品，又能保护自然环境，促进中国农村地区实现资源环境的可持续发展。

其次，在农村社会发展方面，农村三产融合能够有效缓解农村发展凋零的状况，促使农村焕发新的生机。近年来，随着工业化和城镇化的飞速发展，中国农村的经济社会结构发生了翻天覆地的变化，农业生产的兼业化、老龄化、女性化趋势日益严重，农村和农业生产一线男性劳动力严重匮乏，大量土地撂荒，村落自然消亡，农村呈现出老、弱、病、残的凋零景象。而随着农村三产的深度融合，在农村大力发展生态农业、休闲农业等新型业态，政府也会陆续出台多种有利政策和措施，会吸引外出打工的青壮年劳动力、大学生等返乡创业或就业，成为发展农村三产融合的中坚力量，振兴中国农村地区经济社会，促进农村各类资源得到充分利用，激发农村发展的新活力。

### 4. 推进农村三产融合是实现农业现代化的重要途径

农业现代化是指利用技术改造传统农业的历史过程，在这一过程中，先进生产要素不断应用于传统农业中，会引发人力、物力、技术、制度等要素的一系列变革与更新，最终表现为农业综合效益的大幅度提高，促进农民增收，城乡统筹发展，创造出良好的生态环境，实现农业的可持续发展。而农村三产融合则通过产业联动、产业集聚、技术渗透和体制创新等方式，将生产要素进行跨界集约化配置，能够因地制宜地将更多的先进技术和现代化的生产方式运用到第一产业，同时又将第二产业标准化生产的理念和第三产业以人为本的理念应用到第一产业的发展上，将新技术、新业态、新商业模式贯穿其中，能够有效地实现农业综合效益的大幅提升，促进农民增收，促进农村生态环境友好发展，实现农村地区的可持续发展。这恰恰为中国实现农业现代化建设提供了良好的产业发展保障，更好地满足农业现代化的基本要求。

## （五）农村三产融合的组织模式

### 1. 农村合作社为主导型

#### （1）我国农村合作社主导型模式的产生

改革开放之后，在家庭联产承包责任制下，我国农业的生产主要以家庭为单位。小规模和分散性的生产方式导致我国农业的发展一直很缓慢。一方面，农户的生产容易受自然环境的影响造成产量的下降，农户利益受损。另一方面，分散的经营模式难以有资金来促进农业技术的提高，因此生产的效率也是低下的。但是，勤劳智慧的农民群众探索出了一条构建农村合作社的道路。在合作社的带领下，不断地提高农业技术，进而提高产量，然后统一进行加工，形成规模经济，最后再统一进行农产品的销售，提高整体的市场竞争力。

农村合作社主导型其实也就是"合作社＋农户"型。在管理方面，社员基于共同的生产经营需要，自愿加入农村合作社，在民主管理原则下，通过社员大会对决策进行讨论与表决，充分表达社员的意愿与利益，调动社员生产经营积极性，做到民办、民管、民受益；在生产方面，农村合作社主要是以专业化的生产为主，在合作社的统一管理下，合作社内的先进技术和经验得到广泛传播，农户通常能够获得合作社产前、产中和产后的信息、技术和生产资料等服务；同时在利益分配方面，在经营良好的情况下，社员不仅能够得到合作社事先提取的公积金"保息分红"，大部分社员还能按照交易额得到"二次利润"的返还。因此，以农村合作社为主导的"三产融合"组织模式在降低农户生产和加工费用的同时，还能为农户提供更高交易收益。

#### （2）农村合作社主导型的发展

为了更好地促进第一、第二、第三产业的融合，农业部和相关管理部门始终支持和重点培育农村合作社的发展，将其作为农产品加工业新的增长点，并且出台了许多惠农富农的优惠政策，在资金方面，降低合作社生产成本的同时，为其规模的进一步扩大提供资金支持。在公共服务方面，积极构建公共服务平台，加强合作社之间的交流，开拓市场。在今后的一段时间，农业部也将按照"基在农业、利在农民、惠在农村"的总思路，通过对农村合作社发展的支持，使农民在第二、第三产业中获得更多的附加值收益，优先安排产业融合的试点、"百县千乡万村"工程试点等项目，重视产地处理、农产品采收、贮藏等初加工及运输、销售等环节，促进农户在生产经营过程中的横向联合。

在"合作社＋农户"的组织关系中，经营的主体归根到底还是农户，农户在面对市场时，有着让人不容忽视的弱势，由农民构成的合作社不仅缺乏资金，农业的规模效益难以实现，而且由于长时间待在农村，对市场的敏感度也不强，难以适应快速变化的市场环境，在"三产融合"过程中可能存在"走弯路"的情况。作为联结小农户和大市场的重要载体，农村合作社应该紧跟"三产融合"的发展趋势，在挖掘自身优势的同时，学习借鉴国内外经验，探索一种适合自己的产业融合模式。

2. "企业 + 农户"合作社

(1) "企业 + 农户"模式的产生

由于逐步完善基础建设与巨大的发展潜力,企业也将市场瞄准了农村,企业与农户通过签订合约,为农户提供生产资料、管理经验和先进的技术,提高农业的生产效率,在保证农产品生产的基础上,对农产品进行回收,然后销往市场赚取利差。企业的加入为农业的生产注入了新的活力,弥补了农户管理和技术上的不足。农户在企业的带领下,生产的效率得到很大的提高,农户通过企业对农产品的回收也获得了更多收益,这就是"企业 + 农户"的组织模式。

(2) "企业 + 农户"合作型模式的运行

"企业 + 农户"合作型组织模式指的是企业与农户为了追求共同利益,通过签订合约将利益联结起来,企业为农户提供生产原料、技术服务,并且对最终产品进行回收,而农户则按照企业的要求进行生产,形成产前、产中、产后的产业化链条,通过联结农产品的生产、加工和流通等环节,推进农业产业化的组织模式。由于企业与农户大多数都是依靠签订订单形成利益联结,因此也称为"订单农业"。

这里的企业一般指的是龙头企业,主要从事农业生产资料供应、农产品加工、流通等活动,一边联结农户,对农产品进行回收和加工,一边面向市场,进行农产品的流通与销售,在农业产业化经营中发挥"龙头"的带动作用。

"企业 + 农户"的基本内涵包含以下四个方面:一是以市场为导向,根据供求原理,企业和农户的关系就是以市场的需求为基础建立起来的;二是以龙头企业为依托,龙头企业扮演的角色之一就是把农村的小规模生产和国内外的大市场联结起来的纽带;三是专业化的生产模式,通过企业的加入,将科学的管理经验、先进的生产技术和充足的资金带入农户的生产过程中,提高整体经济效益;四是形成一定规模的农工商一体化的产业链,在一定程度上也可以称之为利益共同体。

(3) 龙头企业在"企业 + 农户"合作型模式下的作用

在"企业 + 农户"合作型的组织模式中,龙头企业对三产融合发挥着重要作用。农业的三产融合的本质是要素链、服务链与利益链的联结,龙头企业作为最有活力的一员,成为农村三产融合发展中的坚实力量。龙头企业不仅是经营主体融合的主导者,还是资源要素融合的推动者,同样还是产业互动的引领者。

龙头企业依托农产品加工业和服务业,克服市场的弊端,发挥自身的优势,把产业链条延伸至农业生产领域,推进农村三大产业之间的融合发展。农业三产融合的核心是提高农民的收益。龙头企业在"企业 + 农户"的组织模式中,不仅可以通过保底收购等方式让农民受益,还可以通过股份合作制让农民参与分红,提高农户的增值收益。但在以往的实践中,由于企业与农户的利益联结机制不完善,违约现象普遍,一旦违约收益高于违约成本时,就可能导致企业和农户的违约行为。因此,龙头企业带头作用的实现,离不开在产业链延伸、价值链提升和利益链共享中各环节的突破。

3."企业＋合作社＋农户"复合型

（1）"企业＋合作社＋农户"复合型模式的产生

"公司＋合作社＋农户"的组织模式是在原有"公司＋农户"的基础上演进而来的，正如前文所说，"公司＋农户"的模式存在订单违约的风险，因而"企业＋合作社＋农户"是将企业与农户之前的短期契约长期化，通过单次博弈向多次博弈的调整，降低违约风险与交易成本。于是越来越多的人开始关注"企业＋合作社＋农户"这一组织模式，这也是现阶段最普遍的组织模式。在这种模式下，主要由龙头企业与合作社签订合约形成共同的利益联结，企业和合作社的关系确定后，一方面，合作社将农户组织起来，对农户进行监督，减少违约订单现象，另一方面，龙头企业发挥自身的优势，对生产进行指导，提供资金和技术等，引导整个三产融合进程。

（2）"企业＋合作社＋农户"模式的运行

在"企业＋合作社＋农户"复合型模式中，最典型的运作方式为：合作社与公司签订合约，公司为合作社提供生产的品种选择、技术指导、生产性的基础设施建设及产品的回收等服务，合作社则根据公司下达的生产计划组织安排农户按要求进行生产加工，由于企业对市场拥有更强的洞察力，因此制成品的流通销售环节一般都由公司来主导。在这种模式下，公司与合作社的关系确定化，公司通过与合作社签订契约，在保证农产品产量的稳定性的同时实现了合作社对农户的监督，降低了农户订单违约的风险。并且，农户参与合作社，提高了农民面对市场的竞争能力，也通过合作社的制度保证降低了公司的违约风险。

（3）"企业＋合作社＋农户"复合型模式的不足之处

在"企业＋合作社＋农户"组织模式的实践过程中，仍然存在一些不容忽视的问题。第一，存在隐蔽的"农转非"现象。在发展三产融合过程中，由于第二、第三产业带来的附加值大于第一产业，企业为了追求利益的最大化，对土地进行过度的开发，将农业耕地过多的用于非农建设用地，导致农业用地减少，农户被动地接受"农转非"，这对农户的长远利益来说是一种侵犯。第二，造成农村环境的破坏。在农业三产融合发展过程中，第二、第三产业将进入农村发展，难免造成大量人员向农村转移，不管是工业造成工人的进入和生产的增加，还是服务业带来人员的涌入，都可能会造成农村环境的破坏，不利于农业三产融合的可持续发展。第三，农户难以真正得到土地承包经营权入股的全部权利。由于农村三产融合还没有形成标准化、规范化的组织模式，相应的制约机制也不完善，因此在实践过程中，难免会出现企业和合作社签订不平等条约的现象，而有些政府过分追求政绩，"睁一只眼闭一只眼"，放任不平等的现象不管，农户的权利难以得到真正实现，因而违背了三产融合发展的初衷。第四，组织内部存在利益分配的矛盾。由于企业和合作社代表不同主体的利益，合作社也不能满足所有社员的要求，同时又没有一个很好的协调组织对合作内部进行沟通和协调，所以在合作过程中，各方参与主体之间的矛盾的协调显得尤为重要。由以上四点可以得出，出现这些问题的本质原因是该模式缺乏有效的监督机制，因此，迫切需要第三方组织进入该合作模式，协调合作内部利益矛盾及为三产融合创造一个更好的发展环境。

因此，运行过程中必须处理好两种利益关系。一方面是农村合作社与农户之间的利益关系。

在农户自发组成的合作社中，大多数都是由农民中的精英发起，村治能人成为农村合作社发展的"领头羊"，对合作社的经营和决策有很大的影响。因此，村治能人必须代表全体社员的利益，协调好合作社内部社员之间的利益关系，从而更好地推动农村三产融合的发展。另一方面是农村合作社与龙头企业之间的利益关系。虽然合作社和公司在法律地位上是平等的，但相比于公司，合作社在管理经验、市场敏感度、知识水平等方面仍然处于弱势地位，因此必须建立平等公平的利益联结机制，才能保证合作的长久性，推动农业三产融合更有效率地发展。

## 三、"文化创意+"生态旅游产业

### （一）生态旅游的缘起

随着经济的增长、科学技术的发展和社会的进步，一方面在人们生活水平日益提高的同时，人们的生活环境和生活质量却面临下降的威胁，广大旅游者对回归大自然、欣赏大自然美景、享受原野风光和自然地域文化的需求与日俱增；另一方面却面临着许多旅游区已不同程度地遭受污染和破坏的被动局面，对旅游资源的过度开发甚至掠夺式开发，对旅游区及旅游景点的粗放式管理，及旅游设施的不和谐建设等，都损害了旅游业赖以生存的环境质量，威胁着旅游业的持续发展。如何使旅游业的增长与环境保护协调发展，怎样既发展旅游业，又保护好自然生态环境，既开发旅游资源，又保证其持续利用，诸如此类的问题迫切需要寻求新的解决办法和应对措施。生态旅游被认为是目前能实现旅游业可持续发展的最佳选择，由于其尊重自然与文化的异质性，强调保护生态环境与使当地社区居民谋富，倡导人们认识自然、享受自然、保护自然，因此受到旅游界、生态保护界的广泛重视，一经推出就显示出强劲的发展势头，成为旅游市场中增长很快的一个分支。生态旅游之所以能够在短时期内迅速崛起并迅猛发展，是有着深刻的时代背景和旅游市场内外的诸多原因。

#### 1. 人类保护环境意识的觉醒

过去几十年，人们仅仅看到旅游业带来的巨大经济效益，缺乏对旅游与生态环境之间关系的科学认识，忽略了对旅游资源和生态环境的保护。旅游管理者没有对当地的旅游进行科学规划，即使制订了旅游规划，也未严格执行，导致了旅游业的盲目开发；旅游经营者片面追求经济效益，不考虑旅游地的环境容量和生态承载能力，游客严重超载，对脆弱的生态环境造成破坏；旅游者的生态环境保护意识淡薄，不保护旅游资源，随意丢弃垃圾，对自然环境造成严重的污染。

近年来，人们开始认识到旅游带来的负面效应，迫切需要找到一种优化的人与自然的关系，寻找一种经济发展、资源利用和环境保护相互融合的协调发展方式。伴随着全球生态环境问题的日益严重，人们的环境保护意识开始觉醒，经济发展和环境保护的结合已成为时代趋势，所以说生态旅游是人类环境保护意识觉醒并达到一定水平的必然产物。

#### 2. 旅游业可持续发展的需要

可持续发展思想的产生在全世界引起了极大反响，许多经济活动开始接受并导入此理念，旅游业也在思考如何走上可持续发展道路。旅游业是资源依托型的产业，它的可持续发展有赖于对旅游资源的合理开发和永续利用。而传统的旅游发展模式却产生了许多制约其进一步发展的负面影响，导致旅游资源品位下降、生态环境质量退化、旅游产品生命周期缩短等严重问题。人们逐渐意识到如果不改变旅游业原有的发展模式，必将导致旅游资源的全面退化乃至枯竭，使旅游业的发展空间受到极大限制。生态旅游作为一种对自然和人文旅游资源有着特别保护责任的旅游发展模式，可以减轻环境压力，实现旅游资源的可持续利用，保护旅游景观资源和文化的完整性，平衡经济利益，是实现旅游业可持续发展的一条绿色通道，因此得到了空前的关注和广泛的发展。

## 3. 旅游者出游动机的转变

随着社会经济的发展和人们生活水平的提高，旅游者对旅游产品的质量越来越挑剔，对走马观花式的观光旅游越来越不感兴趣。他们逐渐放弃老一套的旅游方式，掀起以追求新奇、崇尚自然、返璞归真为特征的"回归大自然"热潮。在旅游过程中，他们不喜欢受固定的安排，喜欢到自然地理区域去探险、到民风古朴的地方去探异，寻找新的旅游体验，而且关心自然生态和环境保护的人越来越多，在旅游过程中接受知识和文化的洗礼，在大自然的怀抱中陶冶情操、放松身心、增长知识、开阔视野。生态旅游以其目的的多样化成为旅游者热衷的旅游活动，参加生态旅游与开展生态旅游成为一种时尚。旅游相关部门为迎合这种新需求，也不断推出新的生态旅游产品来激发人们出游的兴趣。

## 4. 政府机构的大力支持

许多国际机构和组织都在支持不同类型的生态旅游项目，如世界银行、联合国环境规划署、世界自然基金会、泛美开发银行、美洲国家组织、美国国际开发署等。与此同时，发展中国家也越来越认识到生态旅游在赚取外汇并实现可持续发展方面的重要性，不少非工业化国家都将生态旅游作为其经济发展战略的组成部分。生态旅游的外汇收入在哥斯达黎加超过了香蕉，在坦桑尼亚超过了咖啡，在印度超过了纺织和珠宝，成为这些国家最大的外汇收入来源。

## （二）生态旅游的内涵

### 1. 生态旅游的概念

针对生态旅游这一术语，不同国家的学者从不同的地理、自然、文化、社会经济等角度对其内涵进行了不断的探索研究，到目前为止，在世界范围内没有得到公认的相关表述。生态旅游主张将生态环境保护与传统的旅游结合起来，是集保护自然环境与维护当地人民生活的使命于一体的旅游活动，是一种旅游资源可持续利用的最佳模式。

生态效益、经济效益和社会效益的最优值是生态旅游活动的追求目标，在尊重当地生态环境的基础上，发展当地经济，加快基础设施建设，实现旅游目的地生态旅游项目的可持续发展，即培养旅游者学习、体验及保护当地自然环境、风土人情，或是在与自然环境相联系的文化背景中体验与城市生活截然不同的生活方式。

2. 生态旅游概念的演化

第一，自发意识阶段。人们自发地亲近自然、依赖自然，但这时的旅行行为并没有环境保护的意识。进入工业化时代的旅游作为游憩、消遣的主要方式成为一种普遍的经济活动，旅游者到相对自然的、清洁的空间去唤醒原始的生态意识，摆脱城市生活的喧嚣和压抑，这时，自然保护区成为旅游热点，但环境保护等意识尚未得到重视。

第二，环境保护阶段。20世纪60年代后，环境问题突出，人们意识到旅游业并不是完全无污染的，没有控制的旅游行为不仅破坏了自然生态环境系统，也损害了当地社区的利益。人们开始追求一种最低限度的影响自然的旅游方式，生态旅游的环境内涵被提出并得到发展。

第三，可持续旅游阶段。可持续发展思想对生态旅游概念的充实和提高起着决定性的作用，它从更广更深的层次范围给生态旅游以立论。但生态旅游和可持续旅游从本义上是有区别的。可持续思想作为主流发展模式，成为衡量旅游活动持续性发展的准则。可持续旅游是生态旅游概念向前进化的第三个阶段，也是其内涵的完善和丰富阶段，它将生态旅游的自然观、环境观提升为伦理性原则，融合进可持续发展的思想，从而将生态旅游概念升华和扩大，并达到了基础意义上的可持续。

## （三）生态旅游的特征

与传统旅游活动相比，生态旅游活动有着不一样的特征与原则，而这些特征的表现反映的是生态旅游的实质，也是生态旅游有别于传统旅游的根本原因。

1. 高品位性

生态旅游的设计以遵循自然生态规律的原则为前提，追求人与自然的和谐共存。在传统旅游的基础上，生态旅游更需要因地制宜。

2. 自然载体性

生态旅游是自然生态环境与旅游者、开发经营者与当地居民相互作用而产生的，因此生态旅游的资源就包括纯自然资源及人文景观。自然环境与旅游者、当地居民并不是孤立的个体，他们作为生态旅游开展中的三要素融为一体。而保护和尊重自然环境则是生态旅游活动开展的基础与前提。

3. 可持续性

生态旅游的物质基础是生态环境，环境保护是生态旅游得以开展必须遵守的前提条件。维护有限的生态资源可持续利用是当地居民与旅游者、经营开发者必须担负起的责任。

4. 生态环保性

符合条件的地域是生态旅游项目的载体，不使生态环境遭到破坏是生态旅游开展的必要条件。遵循自然生态规律，追寻人与自然的和谐统一是旅游开发规划者必须要遵循的生态环保性原则。对于旅游开发商来说，在科学的开发规划基础上谋求可持续发展的投资效益，不以牺牲环境为代价来谋取利益，正确地认识尊重环境、保护环境在旅游项目中的价值；对于管理者而言，保护性体现在旅游资源环境容量范围内的旅游利用，杜绝短期的经济行为，谋求旅游业可持续发展；对于旅游者，保护性体现在环境意识和自身素质，珍视自然予以人类的物质及精神价值，使保护旅游资源及环境成为一种自觉行为。

### 5. 小规模性和简单性

生态旅游的开展是以游客融入自然环境的方式分散进行的，追求的是亲近自然、与自然和谐共处。这样就能很好地避免游客过于集中而造成的超过局部环境的承载力，极大地减少对生态环境的破坏。

从生态旅游的概念、特性总结来看，生态旅游是绿色、可持续的经济增长方式，最大限度地保持当地的生态环境，带动地区经济健康发展，对生态环境有较高的要求。而中国的广大农村地区，植被茂密、空气新鲜、田园生活舒适惬意，是开展城市后花园生态旅游的理想选择。但限于农村地区基础设施不完善、通信和交通不便利等因素，农村的宝贵资源得不到好的开发和利用。

## （四）生态旅游开发的意义

### 1. 促进我国农业的可持续发展

众所周知，农业是我国国民经济的基础。长期以来我国就是一个农业大国，然而在经济高速发展的今天，我们要如何突出农业发展的优势，促进我国农业的可持续发展，是摆在我们面前亟待解决的问题。生态农业旅游是生态农业和旅游业的有机结合，处在结合点上的生态农业旅游一直以农业的可持续发展为准则。尽管有时产生生态农业的有形产品减少，导致它比一般较低成本的农业的经济效益低下，但是一般来说，生态农业在没有化学污染条件下，有形产品能获得更好的质量、更高的价格，并且在发展生态农业旅游的时候，可以同时带来农业和旅游业的经济效益，两者相互促进发展、良性互动。

### 2. 促进新的经济增长点

前面已经提到生态农业旅游是旅游业和生态农业的结合，并且它们的结合能促进两个产业相辅相成，达到资源的最优配置。这样的发展不仅能促进生态平衡，还能改善我国农村地区的环境，在保护环境的同时发展农村经济。这样的发展模式不仅能形成一个主导产业，还能以一个产业带动周边地区的其他产业共同发展，为农村经济的发展寻找到新的经济增长点。

### 3. 改变农民生活质量

我国是一个农业大国，作为一种旅游形式的生态农业旅游，不仅可以在保护农业环境的基础上发展农村经济，也可以为城市和农村居民的交往提供平台，促进城市和农村的密切交流，使农民的思想观念发生转变。发展生态农业旅游，吸引城里人到乡下来旅游，成本低，收效快，能为农民带来可观的经济收益，在提高农民经济的同时，促进农村的文化、娱乐等行业的发展。

### 4. 形成农业多元化发展

过去人们往往忽视了农业协调人与自然和谐相处，如在气候调节、生态环境改善和空气净化等方面的功能，只注重在农业生产方面的作用，长期以来把单纯地提高农产品的单位产量作为首要任务。发展生态农业旅游不仅能促进农业的发展，也能带动旅游业的增长，生态农业旅游是农业与旅游业的有机结合，在生产农产品的基础上，还能带动周边地区文化娱乐的发展，使综合效益整体提升。在发展生态农业的道路上，通过大农业这个主导产业的带动，能打破农村地区经济几千年来的封闭或者半封闭的状态，引导农业经济产业结构的调整，走向开放格局的农业转化模式，符合市场发展的需要，不断地通过学习、借鉴来调整我们的产业结构，促进农村经济的发展，加快农民的增收模式。加强国际交流与合作，真正地用科技来带动农业、用科技来发展农业，实现科技是第一生产力的需求。在发展的过程中，那些率先尝到科技甜头的地区和农户不仅会加大科技的投资力度，也会带动周边地区的发展，促进整体农业经济的发展与成长。

## （五）国内生态旅游产业开发的模式

### 1. 城郊型农家乐模式

"农家乐"是一种新兴的旅游休闲形式，一般来说，在农家乐的周边都是美丽的田园风光，自然环境受污染程度较低，其开发模式主要是为了满足旅游者的休闲娱乐需求，投资的成本一般不会太高，相对的消费也偏向大众化，所以，比较吸引都市人群短暂地回归大自然，享受农家风光。大部分的农家乐位于城市郊县，依托于城市的区位优势、市场优势，城郊区域可形成一批规模较大、发展较好的环城市乡村旅游圈。旅游产业是一个多种产业相融合的产业，在各种产业布局中，城郊乡村旅游应与生态旅游紧密结合的现代农业、休闲度假和特色购物形成基于乡村特色风貌的农业、旅游业、商业"三业合一"发展模式，成为代表未来城郊农家乐乡村社会经济发展的一种重要模式。

目前小规模的农家乐主要是农户单独经营或农户之间相互合作的模式，农户之间相互合作，大多农户不愿把资金或土地交给公司来经营，他们更信任那些"示范户"。如果其他发展情况较好的农户带动大家发展，农户们是比较乐于主动接受，加入农家乐旅游开发的行列中去的。这种开发的成本投入相对较低，主要是少了商业化的投入，游客也能以最低的消费去感受到真实的田园风光和农家风情。成本投入低虽然能满足大众的消费需求，但是也会因为投入低而限制了它的发展和管理，这也导致带来的经济效益是有限的。大规模的主要由公司和农户合作，或者是政府、公司、旅游协会、农户等几者之间相互开发的模式。这类农家乐发展模式可以整合各个环节中的优势资源，政府可以在政策和大环境上给予农家乐发展支持，公司、企业的加入，可以为农家乐的发展提供雄厚的资金支持。

### 2. 文化民俗型发展模式

这类旅游发展模式，需要具备浓郁的民俗文化氛围，独特的建筑风格、风俗习惯及浓厚的历史文化气息。这类旅游开发资源基础丰富，特点鲜明，区域性较强，发展优势明显。同时由于投资少、见效快，逐渐成为少数民族聚集区经济发展中新的增长点和旅游亮点，得到当地政府的大力支持，也受到国内外旅游者的推崇。但是在旅游开发和文化保护过程中有诸多的矛盾，也相对限制了旅游的发展。在开发过程中，既要注重历史文化、民俗习惯的保护，也要兼顾经济效益的发展。

### 3. 科技主导型发展模式

在这种发展模式中，以科技力量作为主要力量，开发农业生态产品，生态农业旅游资源的科技含量特别高，它区别于城郊农家乐的开发形式，因此一般都是大规模地开发，不适合小规模的城市或者城郊地区的生态农业旅游的构建。它在发展中注重生态与科技的结合，挖掘生态农业旅游资源，将科技与农业及休闲旅游有机地结合起来，相互依存、相互促进。

近年来，我国启动的国家科技园区建设促进了我国一批科技园区的发展，加速了我国现代农业发展，展现了农业风貌，形成了集教育、体验、观光、展示为一体的现代乡村旅游业，是我国未来发展乡村旅游的重点方向。营造各种各样的农村自然景观，打造多彩多姿的农业观光产品，这些都是现代仿生仿真技术和生物技术等高科技对于乡村旅游所做出的贡献，也就是说，科技对于乡村旅游的支撑表现方面也是多种多样的。科技既丰富了乡村旅游的观赏内容，也对农业科技的科学普及起到了推动作用。在以科技作为主要动力的生态农业旅游开发模式中，又包含了以下几种具体的开发模式。

### （1）农业科技示范园区模式

农业科技示范园区模式是以农业科学技术为支撑进行的农业科技教育基地建设。农业科技观光旅游兴起时间较早，一般是以当地政府或企业投资开发建设的大型农业综合项目为依托，管理模式上基本是统一地研发、生产和旅游观光。此类型是典型的科研和旅游相结合模式，开发中既要满足旅游者对农业科技了解的目的，又要充分考虑到旅游者休闲娱乐的要求，实现"农业科技旅游"为主线的特色农业旅游体系建设。新加坡政府在农业旅游中投入了大量的先进科技，利用生物学、光学等最新的研究技术，在科技园区的建设中，大量采用无土栽培、计算机自控蔬菜基地种植环境等，这些都吸引了大量游客前去游玩。

### （2）科技引导的产业旅游模式

科技引导的产业旅游模式，实现了"一产"农业和"三产"旅游业的互动发展，形成科研单位、农业科技单位带头，产业联动，农户参与的区域特色农业观光旅游开发。先进的科技与旅游业结合应用于农业，不仅能够让农业和旅游业相互带动发展，更能使科技带动农业的转型，农业促进科技的更新与创造。两者有机地结合能构成农村新的发展产业格局，为我国新农村的建设提供更多的技术支持和理论指导。这种新的发展体系值得我们深入地研究和实践及加大推广范围。产业旅游模式通过特色产业集群发展，建立区域共同主题，从更为宏观的角度看旅游发展，在经济上打破了传统乡村的地域局限。

**（3）高科技农业生态旅游模式**

高科技农业生态旅游模式是指开发中利用科技优势，开发农业生态产品，借助田园景观、自然生态及环境资源，增进农业生态旅游的体验性及旅游产品的高端化。发展中要特别注意突出科技与生态特色，实施旅游生态工程，发掘农业旅游资源，将农业文化、科技产品展示与农业景观建设及休闲旅游服务密切融合起来。

**4. 特色创新型发展模式**

以传统民间艺术的创新理念来发展新型农业生态旅游，也是常见的一种旅游发展模式。可以对传统的手工艺品进行创新，结合目前流行的文化元素，通过对传统民间艺术的旅游开发，有利于提升乡村旅游产品档次，提升文化品位，满足游客的需求，带给游客独特的精神享受。从这个角度上来看，传统民间艺术的创新型旅游开发是民族地区旅游业发展的重要源泉。另外，很多传统民间艺术具有易包装、易被旅游者接受的特点，便于直接开发为旅游产品，经过包装和市场运作，可成为当地旅游产业中可持续发展、具有显著社会效益和经济效益的优秀旅游品牌。特色创新的发展，一个重要方面就是文化的特色创新。在这个过程中以文化的创意为主要改造方面，同时带动其他基础设施的建设和完善，带动周边产业的同步发展。文化产业园是文化特色创新发展的结果，在产业园中，聚集着大量的民间传统手工艺人，甚至是非物质文化遗产传承人，共同为游客创建集游览、休闲、体验于一体的综合艺术园区，既提升了旅游整体的影响力，也加大了园区对游客的吸引力。

为了响应国家号召，各地开展的新农村建设，融合新农村建设的生态农业旅游开发模式，也是一种特色创新型的发展模式。特色创新型的发展模式有别于传统意义上的农业旅游开发，共同的特点就是在发展农业的同时，带动当地的旅游业增长，从而带来经济效益，重点和目标点都是促进经济的发展。特色创新的发展模式不仅能提高经济水平，更重要的是能丰富当地的软实力，提高当地文化水平素质，加快当地用科技来发展农业、用科技创新来增加新的旅游吸引力。

# 第二节 文化创意动漫设计利用

## 一、动漫游戏产业的内容创新

### （一）内容离不开创意

#### 1. 文化创意促进动漫游戏产业发展

动漫游戏是最具创意的文化产业内容之一，动漫游戏的创作从来离不开创意。在文化产业的发展过程中，动漫游戏产业的发展是文化创意产业发展的核心产业。动漫游戏是互为上下游的文创产业，最具文化特色和产业特色。动漫产业、游戏产业是两个完全不同的产业，各自有各自的发展路径。我国历史悠久，有很多动漫游戏的创作素材，每个题材都有不同版本的作品。根据《西游记》改编的就有央视版《西游记》动画连续剧、孙敬修故事版《西游记》、上海美术电影制片厂出品的动画电影《大闹天宫》等，还有以西游记故事为背景的动画电影《大圣归来》等。网络游戏也有《梦幻西游》《大话西游》《悟空传》等。这些作品虽然取材于西游记故事，但每个作品的故事不尽相同，人物造型各异。有观众批评动画电影《大圣归来》中的孙悟空形象不符合大众审美，但这就是创意，而且是成功的创意，这个造型的孙悟空玩偶销售情况非常好。动漫作品的成功靠故事和形象，游戏作品的成功靠美工和程序设计，动画游戏公司中的动画造型师、游戏公司的程序员是非常重要的工作岗位，不具备创意能力的人是无法胜任的。动漫游戏中的人物造型往往决定着动漫游戏产品的成败。国际动漫领域中的经典造型要数经久不衰的迪士尼卡通人物造型系列，唐老鸭、米老鼠的造型几乎经历了一个世纪，除不断出品的动画片外，衍生产品也不断涌现，小到专卖店，大到主题公园，能想到的创意产品几乎全部覆盖。从创意到产品，花样不断翻新，这就是动漫产业的魅力，无穷无尽的创意让动漫游戏产业的发展永无止境。

游戏产业随着 21 世纪互联网技术的推广，传统的单机游戏、街机游戏都与网络结合进行升级，以电脑为终端的网络游戏伴随着互联网兴起。网络游戏由客户端游戏的爆发，造就了盛大、完美等游戏上市企业，逐步又发展出网页游戏、移动终端的手机游戏。游戏产业丰富的产品形态、互动的游戏形式、推陈出新的发展使之成为文化创意产业中成长最快、用户最广、出口最多的一个重要版块。

#### 2. 原创需要好的创意

我国动漫游戏产业经历了从外包代工到抄袭模仿阶段，目前已经进入原创阶段。无论是动漫还是游戏，在产业发展初期对国外的模仿借鉴是少不了的。我国历史悠久，文化内容丰富，对创作来说是取之不尽、用之不竭的源泉，尤其是知名度较高的历史人物、事件都成为企业创作竞相选用的素材。这些素材经过创意形成了新的动漫游戏作品。就创意来讲，游戏的创意更加天马行空，可以将不同时代的历史人物集中在一个场景中进行游戏。原创是每个动漫游戏企业追求的目标，但是企业进行原创必须具备一定的条件。首先，需要具备独到的创意能力。动漫游戏产业内容形式丰富，产业链长，创意不够独特就不具备市场竞争力。创意并不是单一的创意，而是在题材、人物造型、故事、产品形式、营销手段等多方面全方位进行创意。并且创意必须具备可操作性，这一点往往是不成熟企业忽略的关键问题。其次，需要多个团队协同完成。至少需要一个专业团队，甚至几个专业团队共同创意、相互支持、取长补短才能实现。

### 3. 差异化竞争离不开创意

在动漫游戏产业发展的过程中，同质化竞争经常成为业界探讨的话题。原创成功是非常不容易的，因此很多企业采取模仿的方式进行创作。动画游戏企业都存在这样的情况。动画企业的模仿之作很容易就会被发现，因为画面的相似度极高，作品一旦发布就会被漫迷们发现。有的漫迷会抓帧对比进行曝光，令模仿的企业十分尴尬。游戏企业也有不少模仿之作，但模仿的方式方法和动漫企业有所不同。由于研发一款游戏投入的资金和时间都较多，一旦成功上线带来好的收益后，一些企业就会竞相模仿。就连产品的开发企业也会加入模仿制作的队伍中来，就是用原来游戏的程序，重新进行美术设计，只是人物和场景发生了变化，其他玩法和原来的游戏一致。这种方式在游戏业界称为"蒙皮"，是游戏企业为了快速占有市场而采取的模仿行为。这种做法只能分化市场，对原有的消费人群不断进行分割，用户群体相对减少，玩家的新鲜感减少，游戏对消费者的吸引力降低，导致最终这类游戏较快地被市场淘汰。要想占有市场就必须有新的创意带给消费者全新的体验，因此差异化的竞争离不开创意。目前阶段，手机游戏市场竞争趋于白热化，游戏生命周期越来越短，亟须好的创意创作及好的游戏产品。

## （二）从传统文化和现实生活中发掘创意

党的十九大提出民族文化全面复兴，对中国传统文化的传承十分重视。传统文化是民族自尊心、自信心的体现，也是一个民族的灵魂。动漫游戏的消费人群主要是青少年群体，因此在动漫游戏中体现传统文化元素和传承民族精神就显得十分重要。动漫游戏企业在发展产业的同时，必须要承担起中华文化传承的社会责任。社会上曾有一段时间对游戏厅、网吧及网络游戏存在较大争议，认为不利于青少年的健康成长，其中一些观点虽然有失偏颇，但其出发点均来自对青少年健康成长的保护。动漫游戏从业人员要具有社会责任的意识，在创作中将优秀传统文化在产品中着意体现。

### 1. 发掘传统文化中的民族精神

中华文化源远流长，故事传说浩如烟海，从中可以发掘代表中华民族精神的传说故事作为动漫游戏的创作素材。例如《愚公移山》《精卫填海》《共工刑天》《夸父逐日》《后羿射日》等传说故事被中外学者一致认为是中华民族坚韧不拔、不屈从于命运抗争的民族精神的体现；《七仙女》《孟姜女》《梁山伯与祝英台》《白娘子》四大爱情故事反映了中国人民不畏权贵、不慕虚荣的淳朴的爱情观。岳飞、辛弃疾、戚继光、文天祥、冯子材等是古代爱国主义英雄人物的代表；近现代的李大钊、杨开慧、董存瑞、黄继光等是为了新中国光荣牺牲的革命烈士代表；雷锋、焦裕禄、王进喜、时传祥等是在新中国建设中的时代典范；当代邓稼轩、袁隆平、杨利伟、屠呦呦等是为中国的科学事业发展做出巨大贡献的英雄模范……这些内容在动漫游戏作品中应该多加体现，政府主管部门应有意识地将创作向这些领域引导，并在政策上给予支持。部分企业已经意识到这个问题，近年来一些动漫作品有意识地在这方面积极开拓，如动画电影《小门神》《年兽》《雷锋侠》。虽然票房不如人意，但这种可贵的尝试正在形成一种风气。随着我国第二大经济大国地位的确立，中国在世界的国际地位不断提升，中国传统文化题材的电影需求也在不断增多。《花木兰》《功夫熊猫》在中国市场的成功说明中国元素不但在中国有市场，在国际上同样受欢迎，关键还是在于制片水平。目前越来越多的动漫企业与国际团队合作，这是一个进入国际市场的捷径。在创作的同时就融入国际化的视角，在创作过程中让中国传统文化中的民族精神让国际合作团队理解，进行国际化的表达更有助于作品在国际上被接受、被认可。上海美术电影制片厂与我国台湾动画制作人邓有力先生合作过动画电影《梁祝》，由刘若英、任贤齐等港台明星配音，在当时取得了不错的票房。央视动画拍摄的《哪吒传奇》也获得了较高的收视率。说明这类传统文化题材的动漫内容很受市场欢迎。近年比较成功的电视动画要数《秦时明月》了，由于电视的热播，网络游戏、动画电影也都有了很好的收益。我国是个多民族国家，由 56 个民族组成，众多的民族特色故事也是动漫作品创作来源之一。上海美术电影制片厂出品的《孔雀公主》《九色鹿》《阿凡提》等动画片都是民族色彩鲜明的优秀作品。近年来取材于少数民族题材的动漫作品比较少，这是在动漫产业发展过程中的一个遗憾。可喜的是西藏动漫协会成立了，出版了以藏族形象洛桑和达娃为主人公的介绍西藏风情的漫画图书，并作为宣传中国文化的图书翻译成英语、法语配送海外文化中心。这说明这类题材的作品太少了。仅大家熟知的少数民族故事就有蒙古族的智者巴拉干仓的故事、东归英雄土尔扈特的故事，云南彝族撒尼支阿诗玛、壮族刘三姐、藏族格萨尔王等。这些内容本身就有一定的知名度，在形式上独具民族特色，这些内容被开发出来是非常有意义的事情。不但动漫可以这样取材，游戏同样可以运用到多种民族元素。目前的游戏只是将历史人物植入游戏中，但是人物的服装服饰、甚至性别都与历史人物发生了重大变化，这也是网络游戏备受争议的一点。武侠题材的游戏算是中国文化的代表。《秦时明月》《仙剑奇侠》《古剑奇谭》等游戏、影视、动漫三种艺术形式共同开发同一内容的作品是这方面成功的代表。作为具有中国传统文化元素、富有民族文化精神的动漫游戏产品就是目前政府需要，同时也是市场需要的动漫游戏产品，在未来的5至10年，这类作品不但会得到政府的提倡鼓励并给予奖励，在国际市场上也会受到欢迎。动漫中国风将在不久的将来席卷国际市场。

2. 从现实生活中选取素材

我国人民不断提高的生活水平是每个人生活中真切的感受，但反映现实生活的作品较少。动漫游戏企业大多数从业者年龄结构偏年轻，企业性质为民营企业居多，因此市场意识很强，且带有明显的个性化色彩。无论哪种倾向，都是思想性、艺术性、娱乐性缺乏有机结合的表现。动漫产业在这方面的要求更加严格一些。由于网络媒体的出现，动漫作品增加了新的传播渠道。

把握正确的政治方向是党的十九大以来特别强调的问题，在产业发展上同样具有指导意义。如何能将现实生活与动漫游戏创作进行紧密的结合可以说是产业界的一个共同课题。仙侠、历史、玄幻题材可以进行创作，但是现实题材少之又少的情况应该改变。

## 二、动漫游戏产业的形式创新

动漫游戏形式的创新源于市场的竞争与技术的进步。激烈的市场竞争要求企业在产品形式上要不断推陈出新，技术的飞速发展从客观上为形式创新提供了技术支持。每一种形式创新就多开发出一块市场，不断地创新就意味着不断地扩大市场。动漫游戏市场发展迅猛主要就是依靠不断创新的产品形式。

### （一）动漫产业链最长，产品形式最丰富

动漫产业几乎覆盖了所有文化产业的产品形式，从传统的出版业到网络媒体、漫画报刊、漫画图书、电视动画片、动画电影、网络动漫、动漫衍生品、游戏、主题公园、动漫展、动漫舞台剧、动漫音乐会、演唱会、动漫模仿秀等形式，还有不断生发之势。

#### 1. 漫画的演进

漫画这种产品形式最早出现在图书出版中，古代图书中的插图可以视为现代漫画的鼻祖。漫画独立发展进入市场是以漫画连载的方式在报纸和期刊上刊出。随着我国动漫产业的发展，传统媒体的衰落，漫画在网络上的传播成为主要方式。漫画产品的形式有单幅的插画、四格漫画、长篇连载，形式上也由连环画式的横版模式向分镜式表现形式转变。由于手机阅读的出现，便于上下拉动的竖版连幅的形式也随之出现。在漫画的表现形式上越来越趋向动画，并出现动漫画的形式，即在数字媒体上漫画画面可以实现局部动态表现。漫画形式的不断转变一方面靠技术进步实现，另一方面靠从业人员的创意推动发展。

#### 2. 动画形式的变化

传统动画依赖电视播出和院线放映两大渠道面向市场。近年来，互联网和移动互联网的发展使动画播出渠道增加了电脑终端和手机终端。网络渠道的畅通使动画内容更加丰富多彩，动画短片、长篇连播可以摆脱电视台播出的时间限制，短则一两分钟，长则几十分钟。动漫模仿秀视频、动漫真人秀、动漫达人直播都以网络动漫的形式进行播出。这些新的网络动漫表现形式悄然兴起，丰富了动漫产业的产品形式，开拓了新的市场空间，形成了新的消费群体。动画电影也突破了仅针对少年儿童的局限，出现了针对青年群体的动画电影。3D动画电影越来越多，给观众带来更震撼的视觉效果。由于动画软件技术的进步，二维动画逐步被三维动画取代，越来越多的动画企业运用三维技术制作动画电影。动画电影衍生产品开始受到制片企业的重视，后电影产品开始形成市场。

#### 3. 动漫衍生产品

动漫衍生产品实际上是动漫产业与创意设计相结合产生的产品。动漫形象通过设计师设计，

形成玩具、文具、服装等日用消费品进入消费市场。产品种类琳琅满目，有无限的想象空间，市场上有多少种商品，就可以有多少种动漫衍生产品。我国动漫产业仅靠出版物和动画发行盈利的局面得到全面扭转，版权授权和衍生产品的销售已经成为动漫企业盈利的手段。动漫衍生产品是动漫与传统行业结合最紧密的部分，也是市场空间最大的部分。动漫产业发展初期，动漫企业不太在意衍生品的设计生产，目前阶段几乎每个企业从动漫产品创意之初就开始规划衍生产品。原创企业有品牌授权的概念，但并未重视产品开发与设计，仅仅是用动漫造型对产品进行贴标，缺乏系统的设计。如果是传播较广的动漫形象，这种品牌号召力自然毋庸置疑，但尚未形成影响的新生代动漫形象就需要靠好的产品设计才能进行市场推广。可以说衍生品市场是无限的，只要有创意就会出现新的产品形式。即便是同一门类的产品，由于选用的材质不同，也会出现不同的产品形式。

在进行产品形式创新的时候不妨从以下几个方面来考虑。从传统文化上入手，一是选取具有中国特色的材质进行创新。例如玉石，玉石是中国传统文化中重要的装饰品，同时具有很高的市场价值。类似的特殊材质还有楠木、紫檀、金银等。二是运用传统文化符号进行创新。例如中国结、福寿禄、松竹梅等含有特殊寓意的吉祥符号，可以用于节庆礼品的开发。我国的民俗节日众多，因此可以运用动漫游戏的形象与中国传统节日进行结合开发衍生产品。三是与旅游产品结合开发衍生产品。我国旅游资源丰富，但是旅游产品千篇一律，缺少个性化的旅游产品，动漫游戏衍生产品与旅游纪念品结合也会拥有广阔的市场。目前我国动漫游戏衍生品开发还处于初级阶段。动漫企业由于动漫作品收入还处于难以回收成本的情况，因此非常重视衍生品的开发，目前衍生品的收入已经开始超过动漫作品的收入，这是一个很好的发展趋势。游戏企业由于产品本身盈利性很好，反而忽略了游戏衍生品市场的开发。将来衍生品开发的趋势是扩大日用消费品市场，使动漫游戏衍生产品成为快消品，这样给动漫游戏企业带来的收益将会更加丰厚。目前衍生品市场发育不成熟的原因是我国品牌授权体系尚未完善，很多企业对品牌授权尚不了解，因此影响了衍生品市场的开发。

4. 动漫展览

动漫展览是动漫产业的重要组成部分，是吸引力经济的最显著体现。动漫展览原本是动漫企业间交流的平台，以企业之间洽谈业务、展示推销产品为主要内容。但是在我国，动漫展览为动漫迷们提供聚会的场所，体验动漫文化、交流喜爱作品的感受、购买衍生产品成为动漫爱好者参加展览的主要目的。动漫展览是否成功要看展会的人气是否旺盛。原来只有动漫角色扮演表演是动漫展览会最吸引观众的形式，随着越来越多的新形式进入动漫展览现场，还增加了动漫角色模仿秀的剧目表演。动漫迷们醉心于自己喜爱的作品，不仅进行剧情的单纯模仿，还将剧情进行演化生发，编排出新的剧情内容。中国动漫角色扮演者还将游戏内容进行演绎，按照游戏中人物的性格和逻辑编出动漫舞台剧。这让动漫角色扮演原产国日本的动漫迷们大为惊叹——中国动漫迷太具有创意能力了！不但演绎出剧情，还将舞蹈、武术融入其中，乃至衍生出专场舞蹈演出，并现场进行舞蹈比赛，大大提高了动漫模仿秀的观赏价值。除了动漫模仿秀外，声优表演、声优演唱会在动漫展中也极具人气，甚至展会当晚单独举办声优演唱会进行售票。

展览内容也越来越丰富，除企业进行产品展示外，动漫角色扮演摄影展也在展会上出现，并且摄影机构在现场制景，现场拍摄。动漫爱好者可以自己购买展位，销售自己手工制作的动漫产品。有的业余作者签售交换自己的作品，漫画家现场给观众画像也可以排出长长的队伍。在展会现场很多观众也穿着动漫人物的服装，让人分辨不出谁是观众谁是演员。动漫展成为动漫迷们的狂欢节，并且不断涌现出新的表现形式。动漫展览逐步由大型展会向个性化小型展会变化。一种情况是同人展逐渐形成气候，在北京、上海这样的一线城市，每个季度都会有不同的小规模的同人展举办，基本都是利用周末时间，活动场地 10000 平方米左右。很多动漫迷带着自己的手工制品在漫展现场进行交易，二次元文化逐渐形成，漫展为这些特定消费者提供了场所。还有一种情况是主题展览开始兴起，即某个知名的动漫品牌开展独立的小型展览，展览地 1000 平方米。原画手稿、剧情场景、精品玩偶及配音演员的现场表演成为主要的表现形式。这类展览往往在人流聚集的商业环境举办，以衍生品销售和粉丝交流为主要内容。

5. 主题公园

主题公园是动漫产业的集大成者。主题公园是动漫企业将动漫资源积累到一定程度后，在一定的物理空间内进行集中展示体验的主题游乐体验区，是以大型游艺设施、主题演出、餐饮、住宿、购物、娱乐为内容的文化旅游综合体。主题公园的形式已经有半个多世纪的历史，随着社会的发展，主题公园的内容不断丰富，形式变化多端，但其休闲娱乐的本质没有发生变化。我国已经有过两轮主题公园热，目前进入第三轮主题公园建设热潮阶段。第一阶段是以中华民族、世界公园等为代表的建筑堆砌的标本展示的主题公园，主要表现形式是围绕公园主题将各地建筑复制或者进行微缩展示，同时设有各地民俗歌舞表演和部分游乐设施。目前第一批主题公园没有进行升级改造的基本已经荒废或门可罗雀。第二批主题公园吸取了第一批主题公园的失败教训，以大型游乐设施为主，模仿迪士尼乐园形式。游乐设施升级换代，并加入了数字科技的游乐体验设备，使游客有了更多的临场体验。精心打造舞台演出节目，成为主题公园内的一大亮点。例如欢乐谷、方特世界都是第二批主题公园中的成功案例。国内目前主题公园盈利的仅占总量的 10%，主要依靠门票收入，餐饮住宿和衍生产品收入还没有形成主要收入。开发者靠土地增值及配套住宅盈利。一方面说明主题公园的整体规划内容有待提升，服务设施不够完备；另一方面也说明经营者的整体运营能力还有待提升。目前正处于第三轮主题公园建设热潮，借鉴前两轮的建设经验，在主题公园选址上要特别注意选择有消费能力的地区。在主题公园内容上要注意独特性的体验，如外在景观、游乐设施、主题定位及科技含量。每一个主题公园都应该是优质创意的集中体现。

6. 动漫演出

动漫舞台剧、动漫音乐会、动漫演唱会已经形成成熟的消费产品，非常受市场的欢迎。动漫衍生产品的内容不断丰富，动漫舞台剧是动漫演出最常见的形式。动漫企业已经注意到动漫舞台剧的演出市场，尤其是儿童动漫舞台剧非常受儿童和家长的欢迎。动画作品受到欢迎，同名动漫舞台剧就会随之出现。动漫音乐会在国内表现比较突出的是宫崎骏动画电影的音乐会，由于宫崎骏是世界级的动画大师，所创作的动画电影全球票房热销，他的电影音乐会就成为一项特色动漫衍生产品，在市场上大受欢迎。动漫演唱会也是漫迷们热捧的产品，虚拟动漫人物"初音未来"的演唱会不但风靡日本，在中国市场也已举办过多次演唱会。声优演唱会、动漫主题歌曲演唱会都非常受漫迷们欢迎。这些动漫衍生产品的新形式有别于传统的日用消费品，在艺术上就是一种创新，而且需要动漫界和艺术形式进行二度创作，创意贯穿整个流程。

如此丰富的动漫产品类型在文化创意产业中是一大特色，每种产品都是创意的体现。每一类产品都是依附于传统产业，以动漫的形式进行包装，呈现出全新的产品形式。由漫画原创开始逐个延伸，每个产业链的环节都衔接着一个庞大的消费市场。可以说动漫产业像文化创意产业一样，非常的生活化，渗透到生活的每一个角落。这正是动漫产业的魅力所在。

## （二）游戏产业所体现的创意

### 1. 多样化的产品形式

游戏产业与动漫产业互为上下游产业，游戏产品具有多样化的产品形式。从游戏整体产业看，可以按产品形式分为街机游戏、掌机游戏、电脑单机游戏、网络游戏、电视游戏。每个类型中的游戏又有很多不同的产品形式。街机类游戏一般在大型游戏厅中陈列，供消费者游戏，游戏者通过操作不同设备体验游戏快感。街机游戏的类型也很多，如射击类、运动类、音乐舞蹈类、博彩类等，模拟驾驶类游戏较多也很受欢迎。主题公园中使用的大型游艺设施也属于这类产品。掌机游戏通常是消费者在家庭中使用，可以通过电视屏幕或带有显示屏的设备进行游戏，游戏软件储存于设备中或者用户不断购买游戏软件进行游戏。电脑单机游戏则是以PC机为游戏工具，使用光盘或网络下载进行游戏。由于单机游戏使用光盘为载体，而国内盗版情况严重，一度使单机游戏企业面临灭绝的风险，最少的时候仅存不到10家单机游戏生产企业。直到可供单机游戏联网使用的游戏平台的出现，单机游戏才得以重生。网络游戏则既可以用电脑进行游戏，也可以用手机进行游戏，每类游戏内容又有不同的游戏形式。单以网络游戏为例，又可分为即时战略、策略、射击、卡牌、竞速、角色扮演、格斗等不同的游戏形式。从游戏内容上，街机、掌机、电脑、手机游戏越来越接近，同一款游戏显现出多屏互动的趋势。

### 2. 网络游戏创意无限

#### （1）游戏形式不断变化发展

街机、掌机、网游的游戏形式不断升级换代。街机由使用日本淘汰设备逐步发展为自主研发，并研制出《捕鱼》这款风靡一时的游戏，掌机由完全进口发展到合资建厂。随着虚拟现实与增强现实技术的广泛应用，市场上也出现了这种技术支持的游戏，使游戏者获得了更强的现实临场感。

#### （2）游戏产业带动了新兴职业的发展

由于网络游戏需要占用大量的时间，代人游戏的职业就出现了，称为"代练"。由于游戏者需要通过完成大量任务才能获得技能、经验，在游戏中才能有更好的表现，并且当时家用电脑并未普及，很多游戏需要在网吧进行，于是有玩家请人代替自己用游戏时间来提升游戏经验值，就出现了代练的职业。随着技术的进步，游戏企业改进了技术，给游戏人物下达任务后电脑就会自行进行游戏。在国家出台防沉溺政策后，代练这个职业就退出了游戏领域。在此之后，网络游戏主播也成为一个时髦职业。所谓游戏主播就是游戏比赛解说员，其工作是对游戏进行解说。由于游戏的对抗性很强，逐渐由游戏工会之间的比赛发展为正式的比赛，因此职业游戏解说就出现了。对于游戏爱好者来说，游戏解说兼具普及游戏知识和评点游戏的功能。游戏企业乐于有专人对游戏进行讲解，这对游戏无疑是一种很好的推广。随着游戏主播人群的增多，游戏对战的视频网站出现了，主播们可以将自己的主播视频上传到网站。由于观众较多，有时观众数量可达百万之众，这样主播的商业价值就出现了。可以通过推广游戏获得企业的赞助费用，可以通过直播推销产品获得销售分成，可以获得观众直接打赏奖励，不同的收入来源使游戏主播成为收入可观的职业，国内知名的主播年收入可以过亿，可见网络游戏的影响力有多大。游戏玩家之间的竞争催生了电子竞技这一新兴体育赛事，并成为亚运会参赛项目。电子竞技出现了职业竞赛选手，每次大型电子竞技赛事获胜者都可获得丰厚的奖金回报。有人预测电子竞技会成为全球观众最多的体育赛事。国家体育总局信息中心成为政府举办电子竞技赛事的管理部门。

（3）游戏产业产生了虚拟财产等新生事物

网络游戏中的游戏道具可以成为个人财产并且得到法律的认可。游戏道具是玩家通过花费人民币和时间、精力、体力获得的，虽然是虚拟世界的产物，但是属于个人财产且在法律上被承认、被保护，虚拟物品可以在网络上进行交易。用于网络游戏的虚拟货币不允许在游戏之外流通，只允许在游戏中进行虚拟财产交易，只允许人民币购买游戏币，不允许游戏币换取人民币。对于虚拟财产的管理是一个新生事物，没有先例可循，涉及多个政府主管部门，法律法规尚未出台。

动漫游戏产业属于傍生型产业，联系非常紧密，在产业链上互为上下游产业。动漫游戏产业的人群拥有大部分交集，动漫迷往往是游戏迷，游戏迷未必是动漫迷。动漫更多的是被动地接受，游戏则是玩家主动接受并参与其中，互动性优于动漫。动漫游戏产业无论是从业人员还是受众群体都有低龄化、年轻化的特点。这个人群的特点就是乐于接受新生事物，因此年轻的从业者可以推动这个行业快速发展。动漫游戏行业与生俱来地与创意紧紧地捆绑在一起，是年轻人喜爱的行业，是传统而又年轻的产业。

## 第三节　图书馆文化创意产品设计利用

### 一、图书馆文化创意产品的开发方向

#### （一）图书馆文化创意产品开发分类

在文化创意产业链上，图书馆文化创意产品大致分为三类：内容类文化创意产品、创意类文化创意产品和延伸类文化创意产品。

1. 内容类文化创意产品

内容类文化创意产品具有原创性、思想性、创新性的特点，包含了传统文化研究与创新、流行文化研究与创新、电影、动画、新闻出版、文艺演出等内容。这类文化创意产品作为内容类文化创意产品，主要解决消费者需求的本质与核心内容。

（1）出版物类

出版物主要指一些出版印刷的图书馆学术资料。这些资料旨在公布、宣传图书馆的发展理念及其研究成果，包括书籍、期刊、图书馆导览手册，及展览的画册、明信片和光盘等。这类产品能够承载图书馆大量的文字信息，读者可以从中详细地了解到该馆藏品的历史意义与学术价值。图书馆出版物也是图书馆中最多出现的文化产品。出版物，往往是指馆藏二次、三次文献的加工，例如，图书馆主办的期刊（国家图书馆、部分省级图书馆、高校图书馆主办的学术期刊），报纸（图书馆馆讯、图书馆报等），利用馆藏文献信息整理出版的图书资料、视频与音频资料（光盘、音像制品）等。

（2）典藏复仿品类

典藏复仿品主要是指一些高精度复制、仿制的典藏艺术品，属于较为传统的图书馆文化产品，也是图书馆文化产品中价格较高的产品品类。利用科技复制手段开发的典藏文物复制品，是各个图书馆重要的文化产品类别。这类产品最大的特点是高近似度地复制原作，因其对文物原貌有极高的复原度，所以具有极高的收藏价值。从研究和观摩的角度来讲，这类产品的清晰度和观赏性有时会胜于原作，因此，可以满足经济条件较优越的读者将"古籍带回家"的愿望。另外，典藏复仿品作为"可带走的图书馆"文物，同时具有对教育功能的延伸作用，可让观众延长对于图书馆文化的体验与记忆。典藏复仿类产品是所有图书馆文化产品中最少运用到创意设计手段的类别，在产品不断发展的过程中，对典藏复仿品的开发最重要的是实现材料上的创新。

2. 创意类文化创意产品

创意类文化创意产品的主要特征是通过创意对文化进行转移，即通过具体设计创意将内容类文化产品或直接将传统文化及当代文化移植到产品中，使消费者能够通过产品的拥有和使用

获得对文化的消费体验，从而提升传统产品的附加值。图书馆创意纪念品主要是指通过提取经典馆藏文献中蕴含的创意设计元素，运用设计手段对其进行加工设计而创造的创意产品，其创意主要源于馆藏文献元素和图书馆文化主题。创意纪念品与其他传统产品不同，它不仅仅是对馆藏文献图案、纹饰或造型的直接复制，还要运用创意设计方式，结合创新设计理念和现代科学技术设计的创意产品。图书馆的创意纪念品具有明显的丰富性，价位不等，种类多样，可满足不同读者的消费需求，因此这类创意纪念品也是最接近一般商品的文化产品。创意纪念品的产品价值在于创意与文化的结合，不同于千篇一律的商品，其是依托于馆藏特有文化内涵的独特的设计产物，设计空间十分广阔。

### 3. 延伸类文化创意产品

延伸类文化创意产品具有非兼容性和非排他性的特征。这类产品包括商务服务、会展、文化设施等，能够提供让读者体验文化的非物质性的服务。这类文化创意产品在满足读者精神需要的过程中还能使其附带获得利益和效用。延伸类文化创意产品主要包括以下五种类型：

第一，采用各种创意方式或工具及各种新型形式等。另外，《文创开发意见》对文化信息资源数据库的建设、资源数字化、文化资源信息共建共学平台建设也提出了要求，特别突出了无形产品的开发对文化创意产品开发的重要性。但是，大部分图书馆并不认同无形产品开发，仅把无形产品作为图书馆的服务延伸内容，这一点值得商榷。

第二，馆藏文献与图书馆特色品牌衍生纪念品。其主要以实物形式呈现出来，包括具有生活实用性的饰品、文具、衣服、配件等。图书馆在保持原有典籍特质的基础上，采用不同材质或规格制作不同类型的纪念品及具有类型区域文化特征的实物文创纪念品，这类文化创意产品在设计灵感上不苛求于本馆馆藏资源，而是扩大到整体区域文化，跳出藏品的点，抵达文化的面。

第三，图书馆通过提炼文献的艺术表现特征，并与其他功能性产品相结合而形成的新的文化创意产品，如家居装饰、珠宝配饰、服饰等。这类产品中的每件商品都经过艺术家、历史学家、设计师的研究，是对图书馆文化意义的挖掘和转化，在设计上非常具有创意性和针对性，并且具有良好的产品工艺质量。

第四，用户体验型产品。用户体验型产品以馆藏资源为立足点，通过开展实地体验及运用新媒体技术等手段，将体验要素依附于图书馆文化创意产品和相关的服务之中，让用户在馆内消费的过程成为产品的一部分。

第五，创客空间图书馆是创意项目的创新工场，是促进创新能力和经济发展的智慧之源。图书馆作为传承优秀文化、提供知识服务、鼓励思想交流、激励创新的场所，是设立创客空间的最佳选择。图书馆拥有一支有专业知识和信息技能的学科服务团队，团队成员与专家学者和企业之间建立了良好的联系，是一个汇集信息交流、知识共享、情报服务、创意培养等功能于一身的非营利性文化教育机构，因此能够满足创客的各种需求。图书馆创客空间的功能定位有：传播知识的功能、信息知识服务功能、创意孵化功能、创新教育功能、探究学习功能等。图书馆创客空间建立的初衷是给创客提供一个将创意变为现实的场所。从这个角度看，目前国内的图书馆创客空间都配备齐全电脑、多媒体投影设备、3D打印机等。但从另一个角度看，图书馆的资金有限，诚然工具和空间在创新创造活动中是必需的，但并不是图书馆创客空间服务的核心所在，且仅依据这两者创立的创客空间容易被社会性创客空间所取代。为了使公共图书馆创客空间更具有竞争优势，在其发展过程中应突出其自身文献信息保障的核心功能。

### （二）文化创意产品的时代消费特征

随着物质生产的极大丰富和人们需求结构的改变，人类社会已经进入一个由消费主导的消费型社会。消费结构呈现出深层次的变革：从物质生活消费逐渐转向精神文化的消费；从对单纯的物的消费逐渐转向对意义、品质和情感的消费；从相对单一、低层次的消费结构更多地转向多元化、高层次的消费结构。在消费结构的变革中，文化消费的地位逐渐提高，成为消费结构转型升级的主要方向。

一方面，随着人们可支配收入和休闲时间的增加，超越性需求不断被发掘，精神文化消费的潜力不断释放，文化消费将继续保持高速增长的势头。另一方面，当前文化消费的需求与生产之间的有效传导机制尚未形成，有效供给和有效需求仍然处于一种非关联受控状态。因此，文化创意产品有效供给与文化消费需求之间的矛盾将会越来越突出，文化创意产品消费的缺口将持续扩大。可以预见，文化创意产品消费的结构性缺口将随着人们文化消费潜力的释放和消费能力的增长进一步增大。

另外，精神文化的消费呈现出个性化、审美化的优势，人们消费的重心正在从产品的功能和特色转移到意义的彰显和情感的满足。因此，随着文化消费的持续增长，人们对个性化、原创性和具有审美意义的文化创意产品的需求将日益增强，图书馆文化授权是对图书馆文化的创造性生产和传播性输出，文化授权产品因加入了图书馆文化的特性和创意的元素而具备文化创意产品的个性化和原创性特征。因此，属于人们文化消费的对象，受到文化消费规律的约束和影响。

文化消费的过程，是消费者对蕴含于文化产品中的精神文化的重新认识和建构的过程。建立在对文化内容理解基础上的精神文化的重新认识和建构，本质上是一种文化的再生产，甚至可以理解为人自身的再生产与人的精神世界和社会精神秩序再生产。因此，文化消费在内在机理上表现出文化的建构性与生产性。

文化消费这一特性能够直接反作用，促成文化消费实现的文化生产，进而影响文化的生产过程。文化消费最终成为文化生产的重要引导力量，文化授权的本质是文化的生产与再生产，生产对象——文化授权产品将直接面向大众的评阅和消费。因此，文化授权也会受到文化消费变化的影响。

文化消费的对象是承载文化价值和经济价值的文化产品。因此，文化消费的过程明显表现为以文化价值为主体的消费特征——文化消费的价值。消费特征要求在文化生产过程中努力创造、生产文化价值，以满足人们对文化价值消费的诉求，并力求实现一定文化投入的价值最大化，文化消费的这一特征对文化授权具有显而易见的影响。文化授权的过程是价值创造、增长、流通和输出的过程。这一过程能否满足人们的文化价值消费需求，能否契合人们的精神文化消费类型，对文化授权的成效具有实质性的影响。

文化消费具有明显的象征性和符号性特点，文化消费的这一特征是由文化消费的对象，即文化产品的象征意义和外在的符号特性决定的。以具有文化内涵的文化内容为依托的文化产品在生产过程中必然会融入一定的文化象征意义，并通过不同的文化符号表现出来。这成为文化产品不同于一般产品的方面，人们对文化产品的消费更多的是对产品的象征意义的消费。消费过程中文化产品的象征意义在一定程度上转化为象征消费者精神面貌的符号，同时，在对文化产品及其象征意义消费的过程中，人们沟通的载体和话语交际的新空间得以形成。由此，文化产品的价值和意义在更大范围内得到传播和扩散。文化消费的象征性和符号性特点要求图书馆文化授权必须将文化资源转化为具有象征意义、能够反映人们精神面貌和交际话语的符号性产品，只有这样，图书馆文化产品才能为人们接受和消费。

另外，公众的文化消费过程表现为人们对消费对象内在价值的认同与自身外在行为的自觉行动，而这种来自个人价值认同和自觉行为的文化消费过程更多的是出自一种个人主观的判断和选择，其合理性和正确性常常难以被有效评估和衡量。公众文化消费过程中的价值判断和消费行为选择主要受到其文化消费心理的支配及文化消费偏好的影响。不同个体的文化消费心理不尽相同，即便是同一人在不同时期的文化消费心理也可能存在差异。因此，公众文化消费心理整体表现出一种相对主观的非理性状态。尽管这样，文化消费心理仍然受不同地域文化心理、人们在不同时期的精神文化需求等因素的影响。特定的地域文化心理从根本上奠定了人们的文化消费心理形成的基础，一定时期的精神文化需求则直接促成或改变了这一时期的文化消费心理。

文化商品市场价值的实现及文化商品生产和销售的可持续性在于文化商品的消费能在多大程度上满足人们当前的精神文化需求，进而能在多大程度上满足因这种精神文化需求而产生的心理渴望。图书馆文化授权的顺利运行也与公众的文化消费心理密切相关，文化授权产品最终要直接面对公众的评判和消费，文化授权产品是否符合公众的消费心理，很大程度上决定了其能否唤起大众的消费欲望、激发大众的消费行为。不同人的文化消费心理在一定时期内又存在一定的共通性，因此，个体消费行为可能会引发群体性的文化消费行为，从而在更多公众中形成基于这种文化消费行为的文化消费心理，并形成广泛的社会连锁效应。在这种效应下，文化授权产品的价值实现程度将会趋于最大化。

## 二、图书馆文化创意产品的设计与开发

### （一）图书馆文化创意产品的设计流程与开发思路

#### 1. 图书馆文化创意产品的设计流程

图书馆挖掘自身馆藏信息资源的内涵，与文化创意、休闲旅游等产业相结合，开发衍生产品，以增强图书馆自身发展能力。图书馆文化创意产品研发的突破口在于挖掘馆藏资源价值内涵与

文化元素，注重产品实用性，符合现代生活气息，着重连续的系列产品设计，形成图书馆衍生产品链条，持续地引导用户消费文化，从而构建图书馆文化创意产品设计生态圈。

一套完整的文化创意产品设计包含四大设计环节和四大设计阶段。具体表现为：在每个流程节点和阶段上都有创意层、设计层、制作层与市场层四大模块。每个模块又细分出各层次的设计要求、设计方法、设计分析，并对中间层进行设计技术延伸，最终符合具有顶层设计和低层设计特征的文化创意产品研发与运行的关系。从创意层起步，经资源管理层对资源的分析、提取、采集和识别等到达设计层，经设计控制层的分析测试，到达制作层环节，这也是从论证分析到功能分析的过程。制作层离研发层相对较近，但仍需经过元素打样、结构分析和工艺测试等项目，这些项目与设计层的内容相仿。研发生产层经元素巩固和改良、配方动力测试后进入评估测试分析环节，最后在市场层面上对设计元素进行衡定，扩大图书馆品牌传播力度。同时，进一步调整市场推广的战略部署，通过艺术品质的形象提升达到市场占有率。文化创意产品反哺图书馆的文化地位、社会地位和市场地位。作为社会公共文化体系的图书馆，其文化创意产品的开发，无疑是在代表国家形象、地区形象和民族形象的基础上确立起来的。

2. 图书馆文化创意产品的开发思路

（1）转变观念，树立科学的图书馆文化创意产品开发理念

①图书馆要以开放的心态看待文化创意产品。在"大众创业、万众创新"的浪潮中，图书馆要敢于冲破一切束缚和桎梏，包括思想认识、制度、体制等不利于创业创新发展的因素，依托丰富的馆藏信息资源，以文化、创意为核心，利用互联网技术、现代通信技术，开拓进取，大力开发图书馆文化创意产品，逐步形成区域性、特色性、趣味性、实用性、有收藏价值的文创产业生态链。

②图书馆管理者要树立科学的发展观。图书馆要以跨界思维模式，打破常规，在经费方面不再单一依靠财政拨款支撑，可以尝试引入社会力量参与文化创意产品开发，包括引入资金、设备，及专业创意、技术、销售、策划等人员。在文创开发队伍配置上，图书馆馆员必须自始至终参与其中，以自己的专业知识全程指导产品设计与销售，保证文化创意产品的质量。这就要求图书馆馆员本身也要不断学习，包括学习产品设计、营销等知识，以满足文创开发工作发展的需要。同时，图书馆馆员应进行适当的跨界学习，培养自身创新能力，积极寻求职业发展新突破。图书馆也要注重引进创意研发、营销推广等人才，充实文创开发工作人才队伍。

③明确图书馆文化创意产品本身就是一种知识增值服务。图书馆文化创意产品的增值服务需要市场支持。因此，图书馆要善于研究用户，深入了解用户的需求，精确定位，有的放矢，因地制宜地开发个性化、人性化的文化创意产品。

（2）拓展思路，开发多元化的图书馆文化创意产品设计

文化创意产业是一个很大的范畴，图书馆文化创意产品的开发，主要取决于两个因素：一是根据馆藏资源的优势来权衡开发什么样的产品；二是根据图书馆的受众需求确定开发什么样的产品。

①要立足于各个图书馆馆藏资源的核心优势，提炼出具有典型性和高度识别性的，易于结

合当代产品工艺进行深度开发的文化形象。图书馆文化创意产品要尽可能形成自身独特的文化特征。图书馆文化创意产品开发的优势在于图书馆拥有许多珍贵的文献。图书馆经过充分的市场调研，遵循效益、实用的原则，开发出仿真复制品、衍生产品，并推向市场销售。

②文化创意产品的造型和寓意必须具有时代感，必须符合现代审美和现代使用功能。随着生活美学观念的不断普及和深入，人们在实用层面对文化创意产品的需求越来越大，图书馆文创产品艺术和实用结合得越好、装饰性越强、使用场合与频次越高，就越能激发受众的购买欲望。图书馆文化创意产品是文化的一种再创造。因此，图书馆要以其藏品图像为素材，并对其进行精心设计与创造，以制作成时尚性、教育性、艺术性、生活实用性较强的增值产品，满足用户精神层面的需求。

③为了迎合不同的消费心理，满足不同的购买能力，文化创意产品在品类和价格上要尽可能形成差异化。图书馆应引入数据管理设备，开设互动专区，精确、透彻地研究其受众尤其是用户构成，并根据用户构成，在产品形式、体量、价格及服务上做出合理的安排。

④产品要注重品质和格调，兼具文化内涵和审美品位，设计上要能体现出创意性与艺术性，且制作精良，贴近生活，具有实用与多元性。

⑤结合图书馆服务推广，开发相应的文化创意产品。现今，各大图书馆都在开展各种各样的公益讲座和展览，如果在这些活动基础上，图书馆专门设计符合活动主题的精美文化创意产品，必然会受到读者的青睐。图书馆可定期举办各种主题的大型文化创意产品设计比赛，并通过网络投票评选出读者心目中最美的设计，让更多的儿童、社会人士参与其中，优胜的作品可以作为图书馆的文化创意产品推出。配备 3D 打印机的图书馆，还能利用 3D 打印机让读者亲自设计属于自己的文化创意产品。例如，可以鼓励读者设计自己专属的藏书印章，印章可以采用版画形式并加有文字，读者可用 3D 打印机将其打印出来，作为自己专属的藏书印章。

⑥注重产品的包装设计。图书馆文化创意产品的包装设计需要匹配产品属性、体现图书馆特色，在材料上尽可能注重环保。

（3）利用互联网对图书馆文化创意产品开发工作的促进作用

互联网本身就是一种人造资源，在此基础上"互联网+"成为图书馆文化创意产品开发的重要驱动力量。图书馆文化创意产品开发与互联网营销息息相关，密不可分，逐渐形成公共文化体系中重要的"互联网+"生态产业链。其中，产品研发和销售渠道是整个产业链的核心组成部分。

图书馆文化创意产品研发种类繁多，主要包括馆藏古籍复制产品、馆藏文献深层次加工出版产品、馆藏文献与图书馆特色品牌衍生纪念性产品、用户体验型产品、文创 APP（Application）等。

在互联网环境下，互联网成为重要的资源，各行各业首选利用网络进行信息的收集、遴选、整合。图书馆文化创意产品研发也不例外。一件产品的出笼，必须开展必要的市场调查，而市场调查重点就是研究用户。图书馆服务理念为"服务至上，用户第一"，这要求图书馆服务在一线，急用户所急，想用户所想。因此，图书馆文化创意产品研发也需要研究用户。互联网环境下的连接一切、互联互通、用户体验等思维，强调利用互联网技术与手段时以用户为本。

图书馆文创研发人员秉承"互联网+"的精神，通过互联网销售终端大量收集用户的各类数据，包括用户的阅读倾向、心理特征、浏览痕迹、文化层次、年龄、民族、地域等。同时，在开发过程中分门别类地研究用户，针对不同类型的用户设计各类文化创意产品，并在设计过程中通过网络与用户交流互动，甚至可以邀请用户参与设计全过程，为用户提供个性化、人性化的私人定制服务。

目前，大多数图书馆还没有专职的文化创意产品开发人员，拥有独立开发产品的单位很少，图书馆文化创意产品多数是交由合作厂商设计开发生产，图书馆本身并不掌握设计权，造成其在整个文化创意产品研发过程中处于被动地位。因此，图书馆应在注重原创设计基础上，在商品开发设计上打造适合自身的模式。具体包括：图书馆单独组建设计团队，全面负责本馆产品的创意设计，但制作可以外包加工，委托社会力量承担设计与制作或者直接从市场采购。

文化创意产品开发中的关键环节是授权，通过授权让文化的创新创意延伸至手表、服装、文具、礼品、家具用品等各类大众日常消费的产品上，渗透于人们的日常生活。文化产权交易所可以成为授权交易的平台，以促进文化创意产品研发生产的形成，吸引更多社会力量参与文化创意产品研发、生产和经营。同时，要建立完善的文化创意创新产权评估机构。

## （二）图书馆文化创意产品的开发模式

当前，图书馆文化创意产品开发的实践存在缺乏经验与创意、产品雷同、优质品匮乏等问题。并且，对其的研究文献较少，多停留于定义、作用、意义、品种等方面的简单介绍，未能涉及产品创新设计、创意研发、产品生产、销售、服务等内容，缺失一整套开发模式的研究。这是因为图书馆文化创意产品开发刚刚起步，未能形成完整的开发模式。相对而言，国内外博物馆文化创意产品开发工作已较为成熟，业已形成各自一套可行的开发模式，值得图书馆借鉴。因此，研究用户创新驱动下图书馆文化创意产品开发模式具有重要的现实意义。

### 1. 图书馆文化创意产品开发模式现状

文化创意开发活动本质上是生产商品，并非图书馆的专业与本行。结合博物馆文化创意产品开发与销售的有益经验，作者将图书馆文化创意产品开发模式主要划分为以下四种：

#### （1）自主开发模式

自主开发模式是指图书馆以自负盈亏方式独立进行文化创意产品开发。在自主开发模式下，图书馆负责遴选馆藏文献，组织人员自行开展产品设计、生产、销售等工作，并自行承担所有的开发经费与销售风险。

#### （2）合作开发模式

合作开发模式包含两种情形：一是图书馆拥有自己的设计团队，负责文化产品的创意设计，然后寻找生产厂商制作加工，最后由图书馆营销推广。这种情形下，图书馆参与的程度高，但是，由于绝大多数文创人员都不是专职的文化创意产品开发人员，且拥有独立开发产品的单位很少，所以这种合作开发模式实施起来较难。二是委托研发，图书馆单独依靠自身能力无法完成，可以委托社会力量承担产品设计研发与制作生产，生产出的产品由图书馆负责销售。

（3）授权开发模式

①艺术授权。艺术授权是指授权者将艺术版权以签订契约的形式商品化进而推向市场，使艺术版权的无形价值得以兑现。图书馆艺术授权模式主要以图书馆丰富独特的艺术藏品为基础。例如，拥有众多精美藏品的北京故宫博物院，将其典藏品授权给厂商使用，允许厂商在市面上所销售的产品包装上印有故宫馆藏名画或图案。另外，授权开发还包括品牌授权、出版品授权、图像授权等，其中图像授权就是将版权所有者的艺术品的照片、底片或电子文档，授权给其他机构或个人，允许这些机构或个人将其用于商业或非商业，并从中收取相应的权利金。例如，大英博物馆以博物馆的典藏品为基础，通过授权方式与许多制造厂商合作制造出种类繁多、内容丰富多彩的文物复制品或纪念品。

②版权授权模式。版权授权是指图书馆通过版权许可或版权转让的方式，委托社会力量利用藏品版权设计与制作文化创意产品，并从中获取相应的权利金。例如，"台北故宫博物院"标注"台北故宫博物院制造"字样的衍生品，只能在"台北故宫博物院"授权的营销渠道进行售卖，合作厂商可通过与"台北故宫博物院"合作开发提升自己产品的文化内涵和品质，但不能自行销售相同产品。

图书馆文化创意产品是在对馆藏资源的历史价值、文学价值及现实意义进行挖掘的基础上开发的，依赖文创人员对馆藏资源的深度了解，仅依靠授权第三方去开发，很难体现出馆藏资源的文化内涵。因此，图书馆文化创意产品开发只有在解决著作权、版权的前提下，通过设计授权、制作授权、图像授权、品牌授权等不同方式将馆藏资源与社会力量紧密结合起来，并由图书馆方面对其设计师进行培训，主动对设计出的成品进行市场跟踪，才能够形成文化创意产品开发良性模式。

（4）选购贴牌模式

选购贴牌模式是指图书馆通过市场公开采购产品，多为图书馆纪念商品。为某一庆典，图书馆需要从市场采购与馆藏文物形象、文化内涵相接近的产品，并且订购的批量产品需要粘贴上图书馆的标识。这种模式多在图书馆举行纪念活动时选用。

## 2. 用户创新驱动下图书馆文化创意产品的开发模式

上述图书馆文化创意产品开发模式多以图书馆为主体展开，是一种单向的开发利用模式，具有较强的"卖方市场"特点，不适应"互联网+"新常态发展特点，因此，有必要对图书馆文化创意产品的开发模式进行创新。

用户创新驱动下图书馆文化创意产品开发模式是指以用户为核心，通过把握用户创新驱动需求呈现的特征和规律，运用图书馆馆员或创意设计师的丰富知识与创意，依托馆藏信息资源、技术等支持而开展的一种专业化、个性化、深受用户喜爱的创意产品研发、生产与销售过程。在用户创新驱动下图书馆文化创意产品开发模式中，"用户利用水平"轴反映用户利用的产出水平；"产品开发能力"轴表示图书馆文化创意产品开发的能力大小；曲线表示图书馆文化创意产品供给对用户利用产出水平的影响。该模式本质是研究用户创新驱动下图书馆文化创意产品开发中用户利用水平上下波动的特征，说明用户利用水平与图书馆文化创意产品开发能力之间的关系。即用户需求初期，随着产品开发能力的增强，图书馆对市场的贡献较大，用户利用水平也相应提高，市场需求呈现上升趋势，供不应求，到达"波峰"，用户利用与产品供给趋向饱和。由于产品开发过程较为复杂，产品开发供应难及时满足用户需求的变化。"波峰"之后，图书馆开发的文化创意新产品，需要适应市场需求，而用户对产品也需要一个熟悉、了解的过程，此时产品供过于求，用户利用水平出现递减，图书馆文化创意产品开发能力增强，多表现为走向"低谷"。随着产品开发能力的增强，用户利用水平又一次提高，表现为再一次走向"波峰"，并进入下一轮用户利用水平的上升与递减，从而形成上下波动的"风景图"。该模式突出以用户为中心，围绕用户需求开展图书馆文化创意产品开发工作。

3. 用户创新驱动下图书馆文化创意产品开发模式的实现机制

在实践中，图书馆文化创意产品开发工作普遍存在产品定位不清晰、前期调研不充分、产品结构不合理、缺乏创意设计，及工作先入为主，盲目跟风，忽视市场需求规律等问题，以至于造成产品雷同、单一、时代性不强、生活信息缺乏、与用户产生隔阂、产品滞销等局面。

（1）思路转变，定位准确

①革新思想观念。图书馆要转变思路，大胆创新，采取合适的开发模式，积极开拓市场，不断拓展销售推广渠道，努力建设与国际接轨的图书馆文化创意产业研发、营销、推广、贸易平台。

②准确定位，开发满足公众需求的文化创意产品。其一，图书馆的公益性不可动摇，社会教育功能不可动摇。任何产业，任何经济行为，都不得冲击这种定位的藩篱。毫无疑问，文化创意产业要服从并服务于图书馆的职责任务，服从并服务于图书馆的宗旨和本质要求。要把图书馆的藏品内涵和陈列展览思想内容在创意产品上延伸和体现，从而达到强化图书馆教育功能的目的。其二，图书馆应深入了解用户的消费需求，精准定位，有的放矢，开发个性化、有针对性的文化创意产品。其三，精品战略，抓质量，开发制作精品。作为图书馆出售的产品，应该与图书馆高雅的文化品位相匹配。文化创意产品，一是文化内涵，二是创造意识，其题中应有之义，必是精品。既是精品，就要在创意、设计、选材、制作、包装等各个环节都认真把持，做到精益求精，精准到位，决不可偷奸耍滑。其四，创意产业要独立运行。创意产业本质上属于经济活动，有自己的一套运行规律，与图书馆的运作是不同的。因此，在管理上，要把创意产业与图书馆分开，令其独立运行，人财物，责权利，自成一个系统，分灶吃饭，以避免对图书馆公益性的干扰。

（2）采取合适的经营运作机制

图书馆文创产业运作模式往往包括内设部门自营、成立单独核算的经济实体、自营与企业合作同时进行等。现阶段，在国家大力发展文化创意产业的背景下，图书馆文创产业发展也受到了重视，但我国大部分图书馆的资金来自政府财政支持，真正能投入文化创意产品开发的资金往往有限。为弥补文创投入的不足，多数图书馆采取引入公司的模式对文化创意产品做调整规划。对此，图书馆应承担起开发工作的主体责任。图书馆可以依据《中华人民共和国公司法》，利用股份制方式将各方利益联合起来形成利益共同体。在成立文化创意股份公司时，图书馆可将其馆藏价值及创意开发能力作为知识产权定价入股；为激励开发人员，可鼓励开发人员投资入股，从而使图书馆能够占据开发工作的主导地位。另外，图书馆文化创意产品开发可引入社会资金，逐步完善文化创意产业的融资方式，积极引导、扶持、规范社会力量参与图书馆文化创意产品开发。图书馆为保证文创开发工作，既要提高经济效益，又要维护社会效益，因此图书馆应合理占据股份，以便掌握文创开发发展方向。在这方面，图书馆可以积极借鉴股份制企业的商业运作模式。

## 三、图书馆文化创意产品开发工作的创新探索

### （一）采用合作授权方式

图书馆文化授权的流程分为组织层面流程和操作层面流程两个维度。组织层面流程是指图书馆文化授权的内部决策过程，包括了解文化授权、呈报授权建议、可行性评估、建立决策组织、整合授权窗口等环节。首先，馆内成员通过宣传报道认识文化授权，后经馆内呈报系统向图书馆负责人提出授权建议。其次，图书馆负责人就授权建议请馆内外法务部门进行评估，提出可行性报告。最后，图书馆根据可行性报告建立授权决策组织，如授权委员会，讨论文化授权的政策。图书馆决定开展文化授权后，整合或设立授权窗口尤为关键。授权窗口作为馆内具体负责授权业务的部门，是被授权者与图书馆沟通的唯一窗口。操作层面流程是指图书馆文化授权的具体操作的各环节。操作层面流程包括对授权标的物权利状况的盘点、文化授权规划的制订、授权双方的谈判、授权合同的签订、授权合同内容的执行与监督五个环节。不同图书馆在实际操作过程中各环节的具体做法可能不尽相同。

#### 1. 盘点授权标的物的权利状况

图书馆开展文化授权的前提是在对授权对象盘点的基础上厘清其权利类型、归属与状态。借由盘点，检视各类授权对象特别是藏品数字化成果拥有何种权利，尤其是图书馆是否拥有及拥有何种知识产权。

#### 2. 制订文化授权规划

根据标的物的权利盘点状况，将授权标的物的权利现状分为两种：一是图书馆同时拥有授权标的物的所有权与知识产权；二是图书馆仅享有授权标的物的所有权但未拥有满足授权之需的知识产权。对于前者，图书馆可依据拥有权利直接授权；对于后者，图书馆可在取得权利人的让与或授权后再对外授权。在确定拥有或取得可以授权的权利后，图书馆可开始制订授权规划。在制订授权规划时，应按照授权条件及被授权人取得资料的分辨率、完整程度、像素大小、提供格式等，将授权规划由高到低分成不对外开放层级、组织内部使用层级、商业性加值利用授权层级和公共使用授权层级四个层级。然后根据每个层级的授权对象和范围做出规划。以商业授权层级为例，由图书馆授权窗口对授权金标准、授权模式、授权范围和收费用途分别做出规划。

### 3. 图书馆与被授权者进行谈判

被授权者主动与图书馆接触并表达希望取得授权的诉求是授权谈判的必要条件。图书馆在核实对方资格和取得授权的目的后开启谈判。谈判中，由被授权者以书面形式提出希望取得的授权标的物、对授权标的物的利用方案及相关市场的分析。图书馆审核被授权者递交的文件，结合授权规划提出可采用的授权类型等指导意见。双方可就此深入讨论。

### 4. 签订文化授权合同

双方就授权意向达成一致的基础上，可以通过合同的形式将授权内容固定下来。合同内容分为一般性授权条款和特殊性授权条款。一般性授权条款包括授权标的物的性质与内容、交付方式、授权方式与范围、授权期间与地域、是否可以再授权、授权金的回馈方式、授权标的物的利用方式、授权商品的市场定位、违约责任与合同中止等常规内容。特殊性授权条款包括产品品质管控、合同期满的续签说明、授权单位名称或商标的标记义务、产品的衍生设计权归属等。经过充分协商，在对条款内容无异议的基础上双方签订授权合同。

### 5. 执行与监督授权合同内容

授权合同生效后，文化授权流程进入合同执行与监督阶段。图书馆对被授权者履行合同的情况予以监督并根据具体情形做进一步处理。是否按期支付权利金、给付权利金的稽核、授权期满后授权产品的处理都在监督之列。如果被授权者出现违约情形，对是否采取维权措施及怎样处理，图书馆也要进行监督。

## （二）选择合适的图书馆文化创意产品开发工作模式

图书馆的公共文化属性很大程度上制约了其文创开发的力度与深度。图书馆文创产品开发中普遍存在人力资源欠缺、财力资源匮乏、文化载体单一、发展不平衡、产品产业化程度较低、产品推介力度不够、主动开发市场意识不强、监管力度不足等问题。当前，人们对图书馆文化创意产品的需求日益增多，迫使图书馆采取措施，最大限度地满足人们的精神文化需求。图书馆可根据"文创开发意见"文件精神，在确保公益目标、遵循资源开发与利用规范的前提下，并在条件允许的情况下，尝试注册成立文创企业。另外，图书馆可依托图书馆馆藏资源，采取合作、授权、知识产权作价入股、独立开发等方式，积极稳妥推进文化创意产品开发。

图书馆自身兴办企业具有可掌握文创开发方向、降低运营成本、保护馆藏资源、增强核心竞争力等优势。因此，图书馆可将自身兴办企业作为其主要的开发模式。兴办企业时，作为文创开发工作的主体，图书馆应当发挥主导作用。鉴于知识产权价值评估的不确定性，图书馆又要保证其主体地位，建议其在兴办企业时，一定要设置合适的股权比例。

目前，一些地区工商部门的相关政策还不允许图书馆兴办企业，对此图书馆可以在进行授权模式合作时参照其在创立企业时设置的股权结构进行利益分配，以维护自身利益。合作双方应讲明责、权、利关系，一起做好文化创意产品开发工作，合作共赢。

## 四、图书馆文化创意产品开发工作的实践探索

### （一）高校图书馆文化创意产品开发实践

教育部曾对高校等科研机构对文化创意产业的参与、协同等做出明确的要求与指示，国内外的高校图书馆也早有实践活动。除了为创意团队、建模团队等提供基本的文献查询、信息推送等服务，越来越多的高校图书馆创客空间更是为高校师生的手工实践与创意实现提供了平台与条件。

#### 1. 高校图书馆开展文化创意产品研发与服务的必然趋势

根据文化创意产业的内涵、国家的相关政策及高校图书馆对其的应用和研究现状，开展一定的文化创意产品研发与服务必将成为高校图书馆未来发展的方向之一。高校图书馆走出象牙塔，除为在校师生服务外，利用自身丰富的文化、教育资源，面向企业、社会团体和个人提供素养教育、创意交流等服务也是"文创开发意见"下发后图书馆人的心声。21世纪兴盛的高校图书馆社会开放运动就是这些业界声音的行动体现。创意时代的到来让这种声音更加响亮。有学者也因此发出了"创意时代呼唤高校图书馆走出象牙塔"的声音，并从资源优势、事业转型、事业职责等多个方面分析了高校图书馆走向社会、走向市场，为创意经济搭建创新平台的必然性。

#### 2. 高校图书馆文化创意产品的开发与服务

##### （1）高校图书馆文化创意产品的开发实践

丰富珍贵的馆藏资源，专业认真的图书馆馆员，长期积累的知识咨询、情报分析、学科服务等专业化服务经验，及创意思维最活跃、学科背景最宽泛的师生团队，都是高校较其他机构或社会其他信息服务组织、文化创意团体所特有的优势。依据这些优势去开发一定的创意产品，是高校图书馆文化创意产品开发的方向。具体来看，高校图书馆文化创意产品主要包括以下四种类型：

①依据馆藏资源开发的文化创意产品。依据馆藏资源特别是珍贵馆藏资源开发产品是高校图书馆最为轻易实现的产品开发模式。例如，馆藏珍品的缩印本、翻印本、再印本和数字化产品等都属于该类创意产品。

②基于用户服务衍生的文化创意产品。此类产品最具代表性的当属出版产品，如名人手札、馆藏图录、文库合著等。

③基于读者服务记录与体验的衍生纪念品，如毕业信封、节日卡片、电子相册、个人站点等。

④借助跨界融合的产业化产品。高校图书馆的对外开放和面向师生、企事业单位开展的融合服务为这类产品的研发提供了无限可能，而创客空间的构建和3D打印机等创意条件的具备，也为高校图书馆开发此类产品注入了发展动力。

##### （2）高校图书馆文化创意产业服务的实践

长期以来，高校图书馆已在文化创意产品开发中进行了积极的探索与实践，开展了诸如创意素养教育、知识咨询、产品体验等服务活动。高校图书馆的文化创意服务主要包括以下三种

方式：

①素养教育。高校图书馆是高校师生的第二课堂，其不仅通过潜移默化的阅读指导活动，影响着师生道德情操、阅读视野，还通过一定的技能大赛、职业培训等手段对用户的素养教育等发挥着重要的作用。

②知识咨询。创意思维的最终实现，需要一个从思维到辩证的过程，也需要一个对思维的科学性论证过程，这一过程除了需要不断地完善，还需要一定的知识支撑与驱动，高校图书馆提供的知识咨询服务为这一过程的便捷实现提供了可能。

③创意体验。创意思维的产生需要信息、知识的驱动，也需要创意群体、团队的碰撞与交流，更需要具体的空间与产品体验来激发灵感。高校图书馆设置的展览讲座、用户共享空间、创客空间等为文化创意的产生提供了软、硬件条件，使文创人员不仅可以在图书馆传统的信息服务中产生灵感，也能在用户交流、创客实践等环节让思维产生共鸣，进而驱动创意思维产品的产业化、市场化发展。

## （二）省级图书馆文化创意产品开发工作的思路

### 1. 省级图书馆文化创意产品开发工作的发展方向

省级图书馆应向上级主管部门主动争取具体相关政策的支持，单位领导也应高度重视文创开发工作，将文创开发纳入工作规划中，摆在重要的位置；在馆员中广泛宣传，普及"文创开发意见"知识，以多种手段加强人才队伍建设，制定激励奖励政策；自觉克服认识误区，为图书馆文创开发工作争取有利环境，加快进展步伐。

#### （1）争取政策支持

省级图书馆应根据"文创开发意见"精神，建议上级主管部门明确相关政策，使文创开发工作有政策法律保障。省级图书馆与文化主管部门也应主动与国家文化及财政主管部门协商沟通，从顶层设计方面入手，出台相关政策，使当地文化、财政部门有法可依，保障文创开发工作的正常开展。

#### （2）单位重视

省级图书馆的文创开发工作能否打开局面，在于单位的重视程度。各个部门只有通力合作才能促进文创工作真正落到实处。随着国家对公共文化越来越重视，文化创意产品在图书馆评估分值中所占比重会越来越大，从而让图书馆认识到文创工作不仅仅是一种经营行为，更是一项重要的业务工作。因此，不管是外力作用的促使还是内部业务创新的需要，图书馆都应该有所行动，真正把文创开发工作重视起来。

#### （3）拓展文创思维

如前所述，"馆藏"不仅代表资源内容本身，它还包含资源的收集、整理、储存、应用等过程与应用形式。因此，省级图书馆的文创开发工作不应拘泥于对馆藏内容进行加工、产出物质产品等形式，需应仔细斟酌对馆藏资源的利用形式，跳出固有思维，释放文化创意新活力。

## （4）人才引进与培养

文创开发需要各种专业人才。除了在馆内培养出创新能力强、业务熟练的馆员，也要制定优惠条件引入平面设计、影视制作、计算机应用等专业人才。省级图书馆可采用合同制的形式聘请多学科的复合型人才，并根据不同部门的业务特点，发挥自身特色优势，组建成不同的文创团队，筛选出最佳的文创开发项目。例如，古籍部可以组建团队开发古籍资源整理类、复制类、出版物类等文化创意产品；地方文献部可组建团队进行各省地方文献资源联合目录平台建设；少儿部可组织中小学生开展研学旅行活动，通过走进文化底蕴深厚的图书馆、博物院、纪念馆、名胜古迹等亲身感受传统文化的渊源。这些都需要既懂业务又懂市场规律的人才来完成。同时，也要注重引进经营管理、营销推广等方面的人才。因此，省级图书馆应加大对核心人才、高层次人才的培养及引进力度，建立健全文化创意产品开发人才的使用、流动、评价和激励机制，激发不同团队人员的创新活力，以开发出多样化的文化创意产品。

### 2. 省级图书馆文化创意产品开发工作的着力点

#### （1）突出馆藏特色

省级图书馆集合了各县、市优秀特色资源，集中保存了与当地民众生产生活、社会风俗有关的历史资料。在文创开发过程中，省级图书馆应该走出一条属于自己的特色馆藏资源发展道路。

①地方特色文献。省级图书馆可根据所辖范围内的地方文献资料留存情况，系统梳理，建设该省地方文献联合目录合作平台，一方面方便当地地方文献的管理与查询，另一方面也为全国地方文献资源的整合做好对接工作。

②古籍善本。古籍善本兼具文化底蕴与收藏价值，一向被各个图书馆视为珍宝。省级图书馆应结合本馆馆藏特色，以"文创开发意见"为契机，将特色的馆藏资源深度融合到文创开发工作中，走自己的特色文创之路。当前，省级图书馆地方特色馆藏的消费群体较少，难以产生更多的经济效益。因此，省级图书馆可以借助国家图书馆的各种平台，将产品的销售与国家图书馆已有的渠道对接起来，产生更好的销售效果。

③自建专题数据库。专题数据库既可以对馆藏资源进行再次开发利用，又能够快速支撑其他项目管理所需的数据信息，是"文创开发意见"中推进文化资源数字化进程的重要手段。

#### （2）革新工作模式

工作模式的创新是图书馆文创开发的重要环节，是将图书馆传统的服务提供方式向移动化服务、数据化服务、智能化服务方向转变的重要途径。工作模式创新一般通过整合资源、应用高科技、引进先进设备等综合手段颠覆传统的工作模式，以达到服务便利、高效的目的。

#### （3）创新业务流程

创新业务流程是指根据图书馆各个部门的工作特点研发出智能化系统软件，以此来提高工作效率，降低劳动成本。类似的业务流程软件开发创意提高了馆藏利用率，属于深入挖掘馆藏的一种表现形式，因此，也应属于文化创意产品之列。业务流程的创新，可促使图书馆开发出更多更好的流程创新软件，而省级图书馆作为各项具体业务流程的实践者，在这方面应加大文创开发力度。

（4）实现文化、教育、旅游的跨界融合

省级图书馆集本地区知识资源于一身，可充分利用政策优势将中小学生研学旅行列入文创开发工作中，作为推进文化创意产品开发的突破点。图书馆可利用节假日、寒暑假等时间组织中小学生去研学基地旅行，组织图书馆的专业人员对学生进行相关知识的阅读辅导，通过游学活动进一步加深学生对书本知识的认识与理解，把刻板的书本知识变为鲜活的切身体验，以此来增强学生们的求知欲望。可根据教学进度与地域特色综合考察选择基地，并坚持教育性、实践性、安全性原则。活动内容可采用绘本、动漫设计、馆藏体验、典故讲解、小学生进农家、趣味问答等形式将传统文化、自然科学知识植入学生们的研学教育中。文化、教育、旅游的跨界融合只是给省级图书馆文创开发工作提供了一个新思路，图书馆还可充分创新"文化＋"服务。

（5）合作开发、实现共赢

省级公共图书馆在文创开发工作中一定要摸清家底，梳理思路，不能盲目跟风。对图书馆文化创意产品市场要进行调研分析，明确哪些馆藏是值得开发的，哪些馆藏是需要联合某些图书馆一起开发才能凸显价值的，哪些馆藏是已经被其他图书馆开发过的，要做到知己知彼，突出特色，不要面面俱到。例如，有些馆藏文献资源的深度开发需要前瞻性的科学技术，以专业性的学术眼光对古籍进行鉴赏。而以省级图书馆目前的能力还达不到，不能将馆藏文化价值充分发挥出来时，可借助国家图书馆的文创平台来协助开发，以弥补部分省级图书馆文创开发经验的不足，从而合理有效地使用文化资源。又如，有些馆藏资源在各省级公共图书馆都有分布，在文创开发过程中就需要剔除交叉重合的部分，保留符合现代公众需求的经典作品。另外，省级图书馆之间应加强交流与合作，组建文创开发联盟，搭建共建共享服务平台，将可开发资源进行整合，以达到文化资源联合开发的目的。在文化创意产品销售推广中，各省级公共图书馆也应摒除保护本土品牌的观念，打破地域壁垒，搭建渠道共享平台，促进文化创意产品流通，以更好地发挥文化创意产品的社会价值。

省级图书馆应加强交流与合作，找准自身特色馆藏，深入挖掘文化资源，扬长避短，开发出更多更好的文化创意产品，使文创开发工作成为图书馆业务体系中的重要组成部分。要充分拓展省级图书馆的社会教育功能，弘扬中华优秀文化，推进经济社会协调发展，提升国家软实力。

# 第八章　新媒体背景下文化创意产业的发展

## 第一节　数字技术与文化创意产品的创新

### 一、数字科技与文化创意产品创新

无论外在环境还是产业本身，都要求文化创意产品进行创新，而创新契合点则是数字科技。近年来，国家大力支持文化创意产业的发展，无论是党的报告还是国家政策，抑或部门发展规划纲要等，都对文化创意产业发展做出制度性安排。从产业发展的合理性过渡到合法性，从发展传统文化创意产品到创新文化创意产业业态和产品形态，倡导文化产品的生产、创造要运用高新技术推动创新，增强文化产品的表现力、感染力和传播力，催生新的文化产品科技化形态。政策出台表明了文化创意产业已经成为知识经济的重要组成部分，也明确了数字科技在文化创意产业发展中的作用，科技与文化融合态势凸显。主要由数字技术和网络信息技术掀起的高科技浪潮在改造提升传统文化产业的同时，催生了新的文化形态和文化业态。科技已交融渗透到文化产品创作、生产、传播、消费的各个层面和关键环节，成为文化创意产业发展的核心支撑和重要引擎。

当代数字科技包括网络技术、多媒体技术和虚拟现实技术等一系列信息技术。这些技术从不同的方面为文化创意产品提供了创新的可能，共同塑造着文化创意产品的数字化新面貌。

### （一）数字科技对文化创意产品的影响

数字科技为文化创意产品内容创新、生产和效果传播提供了基础，它贯穿着"产品创意产生—创意产品设计—生产—消费"等环节。随着网络技术、多媒体、虚拟现实技术等科技创新在文化创意产业领域的应用，滋生了以动漫、网游、网络电视、微电影、手机报刊等为代表的创意产业新业态，丰富了文化产品的表现力，增强了文化产品的传播力。数字科技对文化创意产品的影响主要表现在以下几个方面：

1. 数字科技提升了文化创意产品的传播能力

文化创意产品也就是关于文化信息的具有传播性质的产品，数字科技主要从三个方面提升了文化创意产品的传播能力。

第一，数字科技加快了文化创意产品的传播速度。传统的文化创意产品是以实物为基础的，它们的流通速度受到运送实物的限制。以印刷品为例，从印刷厂到邮局再到终端用户的发行周期常常需要好几天；电影影片的发行也需要运送笨重的拷贝。而书籍杂志或影视中的信息被数字化为比特之后，它们就可以用光速来传送，瞬间到达目的地。

第二，数字科技使文化创意产品的传播影响范围扩大。文化创意产品在数字化以后，可以放到网上方便地进行传播，其影响范围也就从过去的局部地域变成了全球网民。

第三，数字科技丰富了文化创意产品的表现力。数字科技赋予文化创意产品的多媒体性和交互性是以前的技术很难达到的，基于数字科技的文化创意产品可以采用丰富得多的叙事方式和媒体手段，这大大增强了它传播文化、科技信息的表现力。

### 2. 数字科技使文化创意产品原有的生产和表现形式过时

首先，数字科技已经逐渐在文化创意产品的生产方式中占据了主流地位，它影响并在有些方面取代了文化创意产品原有的生产形式。从最开始在编排等环节使用数字科技，到现在可以不存在实体书的网络出版、影视业亦如此，数字电视和数字电影大势所趋，传统的模拟制式正在被取代。现在还出现了全数字制作的动画和软件，这是原有的生产方式所无法比拟的。新的基于数字科技的生产方式之所以日渐兴盛，是因为它能够提高文化创意产品的生产效率，数字科技往往能以更少的人力财力资源来达成同样的生产效果。

相应地，文化创意产品原有的表现方式也显得过时，例如在文化创意内容的组织方式方面，无论是印刷类文化创意产品，还是广播电视类节目，都已经形成某种固定的线性组织方式。而应用超文本技术的广播影视可以在不同的信息单元之间加上链接，可根据自己的需要随心所欲地在信息之间跳转。由于这种信息组织方式更加符合人类大脑的特点，它更有助于文化创意产品发挥功效。

### 3. 数字科技使文化创意产品再现完整的感官体验

数字科技具备了使文化创意产品再现完整的感官体验的能力。现在普通的多媒体技术就已经能良好地将视觉和听觉结合在一起，虚拟现实技术中所用的三维传感设备也已经能跟踪动作的变化，甚至连嗅觉和味觉的数字化也有了成功的案例。尽管这些技术还没有在文化创意产品中得到大规模应用，但随着技术的成熟和应用环境的改善，文化创意产品综合利用各种感觉媒体来完整传递感受的能力将得以实现。

### 4. 数字科技将使文化创意产品逆转为虚拟现实系统

根据数字科技特点，文化创意产品的数字化在推进到极致之后，将最终变成一个虚拟现实系统。文化创意产品的根本功用是传播精神文化信息，而目前看来虚拟现实系统是传播信息的理想境界，因为它的目的是让人使用自然技能与虚拟的信息环境交互。现阶段的虚拟现实还处在发展初期，还需要大量的传感设备才能促成这种交流，而科技的进步已经使人接触到直接用脑电波与计算机交互的领域。如目前比较流行的主题乐园中的4D、5D体验项目（包括数字故宫、数字敦煌），借助传感设备进行虚拟现实系统的游览和体验。

## （二）产品创新：数字科技与文化创意产业结合点

从前面的分析可以看出，数字科技对文化创意产品的影响是多方面的，不仅包括产品创新方面，还包括工艺创新等方面。本文主要讨论数字科技和文化创意产业的主要结合形式——产品创新。

当前文化创意产业和数字科技主要结合形式是产品创新。这种产品创新的重点在于利用数字科技为文化创意产品增加吸引用户的特性，如多媒体性、交互性、智能性、体验性等。传统的文化产品一般不具备这些特性或相关特性不如数字化产品显著，如传统的《大英百科全书》是一堆厚重的纸质印刷品，让人望而生畏，而它的数字版可以方便地在线下载，并收入了大量的数字化图片、音频和视频，用户在搜索到相关词条后可以更容易地进行学习。

从产品层次理论来看，这种产品创新可以发生在多个产品层次上，并且不同产品层次上的创新策略不尽相同，下面将详细描述基于数字科技的文化创意产品创新的具体策略。

# 二、基于数字科技的文化创意产品创新策略

根据产品创新的定义，它是从用户需求出发的创新，而产品层次理论正是根据用户需求将一个完整的产品分为若干层次，产品创新就可以在不同的层次上采取相应的策略。

## （一）不同层次产品创新策略

在产品的三个层次中，核心利益产品由于过于本质化而不易创新，而基础产品、延伸产品是产品的载体和主体，相对稳定又可以发生变化，因此是产品创新出现的主要层次。

在基础产品层次，产品创新的策略常常是形式创新。这是对产品的存在形式、外观表现等进行创新，如报刊书籍从纸质形态到数字形态的创新。基础产品是其他产品层次的依附所在，因此形式创新也往往伴随着其他方面的创新。

在延伸产品层次，产品创新的策略主要是功能创新和服务创新，这是对产品的基本功能的改善或是增加了新的功能，如一般的文化创意产品通常是用于实用、观看，或单向度文化消费，不具备互动的功能，而数字化的文化创意产品将增加互动、感官体验等方面功能。服务创新主要是增加用户还没有确切期望的新的文化创意服务，例如亚马孙、京东、当当等购物网站的主动推送、定制服务等。

## （二）基于数字科技的形式创新

基于数字科技的文化创意产品创新策略在基础产品层次上主要表现为形式创新，这可分为两种类型：将传统文化创意产品转化为数字形式和开发新型数字文化创意产品。

### 1. 将传统文化创意产品转化为数字形式

传统文化创意产品数字化主要从以下几个方面进行：文字的数字化、图像的数字化、音频和视频的数字化、实物的数字化。

文字的数字化主要是针对图书和期刊。它们的主要内容是文字，需要将对应的字符用二进制编码表现出来，转化为数字形式。文字的数字化已经形成相关的技术标准。目前传统出版社、报社等传媒企业纷纷进行数字化转型，纸质文字摇身变为"0""1"，进入了赛博空间，推出数字化产品，进行数字出版、数字阅读，例如亚马孙 kindle、《人民日报》数字版、超星读秀图书阅读等。

图像通过技术手段转化为数字形式。通过特殊工艺将图片加工成线条和数字符号，即图片被分割成离散像素，信号值分为有限几个等级，用数码"0"和"1"表示图像。传统的音频和视频，也可以通过数字科技手段进行"0""1"转换。数字音频是由模拟音频经抽样、量化和编码后得到的；数字视频同样是对模拟视频进行转换。在数字音频和数字视频的基础上，越来越多的影视节目转化为数字形式，融入了数字影视的大潮流。

文化遗产（特别是古建筑或文化空间）的数字化则有所不同，不易于数字化。其最基本的数字化方式就是拍摄数字照片和数字视频，没有太多创新之处。数字科技提供更高级别的数字化形式——全息投影、三维全景等技术。全息投影利用光学原理记录实物各个角度的细节，然后在空中投影出立体的物体图像，如全息模特走秀。三维全景展示，用户可以在每个视点作360度旋转，获得身临其境的感觉。

## 2. 开发新形式的数字化文化创意产品

在将传统文化创意产品转化为数字形式之外，还可以利用数字科技开发一些新形式的数字化文化创意产品。其综合性的表现就是近年来兴起的博物馆、文化馆、科技馆、主题公园的数字建设，它不仅可以收入数字化后的传统文化创意产品，还包含游戏软件、虚拟现实系统等新形式的产品。

数字博物馆、文化馆、科技馆、主题公园几乎用到了所有的数字科技，它是基于数字科技的文化创意产品的形式创新的集大成表现。其中不仅有数字化文本、数字化影视资源，还包括其他一些新型数字话文化创意产品。

另一种新形式的数字化文化创意产品是游戏软件，其中既有很小的 Flash 游戏，也有由专业游戏公司开发的大型游戏。数字形式文化创意产品的终极发展方向则是虚拟现实系统，即用户可以全身心投入到虚拟环境中，并能用自然技能与环境进行交互式体验。但目前的虚拟现实还处于很初级的阶段，虚拟环境的真实性并不太强，交互也比较少，并且很多是通过鼠标键盘来进行。

## （三）基于数字科技的功能和服务创新

根据产品分层理论，文化创意产业的基础产品和延伸产品两个方面的创新，主要表现为功能创新和服务创新。

### 1. 功能创新

提到数字科技和数字化，人们通常想到的几个新功能是联网兼容功能、多媒体功能和交互功能。因此，在基于数字科技的文化创意产品创新中，延伸产品层次上的创新策略主要是这几个方面的功能创新。

**（1）提升联网兼容功能**

联网兼容功能应该是基于数字科技的文化创意产品的一个基本功能（主要是指那些虚拟文化产品）。互联网是发展趋势，未来文化创意产品都会与互联网发生密切联系。传统文化创意产品一般都不能联网访问，因此文化创意产品的数字化应该在功能创新上突出联网功能，确保数字形式的文化创意产品都与互联网相连，可以方便地被用户访问并消费。

从理论上说，前述所有文化创意产品在数字化后的基础产品大都可以联网访问。现在的互联网和将来的信息高速公路都是建立在数字科技基础上的，数字化文化创意产品只需要在服务器端准备好相关的网络接口和访问界面，用户就可以方便地在客户端通过网络进行远程访问。

但目前还存在一些限制因素，主要是受软硬件的性能影响，这同时体现在服务器、网络传输信道和客户机三个方面。对于服务器来说，其限制在于能同时响应的用户数量多少；对于网络信道来说，在于带宽和拥塞状况；对于客户机来说，在于是否能满足显示要求，比如一些虚拟现实类的文化创意产品需要专门的传感设备。版权是另一个阻碍因素，如超星、知网中的图书和文献都不能随意访问，涉及法律领域的一些问题。

**（2）加强多媒体功能**

多媒体是基于数字科技的文化创意产品的另一个功能。在传统的文化创意产品中，只有影视产品能够提供视听两方面的多媒体感受，但在数字化之后，其他文化创意产品也可以获得多媒体性，在这方面形成功能创新。对游戏软件和虚拟现实系统等新型数字文化创意产品而言，多媒体性则是它们与生俱来的功能。因此，在基于数字科技的文化创意产品创新中，加强多媒体性也是一个重要策略。

虚拟现实系统类文化创意产品在多媒体功能方面的要求要高出许多。虚拟现实的本质要求就是能够充分利用人的各种感觉器官，营造出一个几乎等同于真实的环境。而现在的虚拟现实系统还处于发展的初期，主要使用的媒体还是视觉和听觉，有时能够加上触觉和嗅觉等。利用这些新技术手段来加强文化创意产品的多媒体性，形成功能上的创新，是文化创意产品数字化的一个重要产品创新策略。

**（3）提供交互功能**

数字科技可以提供的另外重要功能是交互。传统文化创意产品多是仅供人观看或单方使用的产品，而数字科技带给人们的一个基本期望就是可以进行交互，并进而在某种程度上实现产品的智能化。

交互功能指文化创意产品能和用户进行双向的沟通和交流，用户因此不再是被动的接受者，而是可以部分地控制文化创意产品的行为。传统的文化创意产品是典型的单向传播产品，在有了数字科技的帮助之后，用户可以与数字化文化创意产品进行一定程度的交互。数字博物馆、主题公园则比较明显地体现了交互功能，甚至达到了某种程度的智能化。智能化功能的要求比交互更高，它是指文化创意产品在更高的逻辑层次上实现交互。

## 2. 服务创新

当文化企业的产品品质、功能、形式差异度降低时，竞争则转向价格和成本方面，而价格和成本相差无几时，竞争的领域就转入服务。文化创意产品的服务创新主要是指产品消费者除了获得基本效用和利益之外的全部附加服务和利益，数字科技提升了文化产品的创新服务方式，如产品的免费配送跟踪、信息定制推送、售后服务、FAQ、在线体验等。文化创意产品的服务创新主要是基于数字科技，表现为附加性、差异性、服务形式多样性。

服务是附加在文化创意产品之中的，二者的消费是同时进行，消费者须参与到服务过程中，要想享受服务，必须亲历其间。服务创新有利于实现产品的差异化，文化创意产品创新如果脱离服务创新，仅从形式和功能方面着眼，很难满足市场及顾客的需求。服务形式的多样性，主要是指产品所附加的服务是根据客户真实的个性化需求而提供，服务内容、服务质量都可能具有多样性。这些额外的产品服务都是基于数字科技的发展和普及应用。

产品创新能引发服务创新，服务创新也有助于产品创新。服务创新有利于实现产品特征差异化，满足顾客的个性化需求，以提高顾客忠诚度和维持文化企业和产品的竞争力。服务往往是一个公司完整的电子商务策略的重要组成部分。因此在全力进行产品开发的同时，公司也极为重视服务创新，在全球范围内建立起完整的服务体系，为合作伙伴、用户提供专业级的技术咨询、技术支持和教育培训服务，借助咨询服务可以帮助企业规划、定制、实施电子商务应用方案，这些都通过 Internet 方式，利用信息技术手段，寻求外部支持，结合自身强大的技术实力，及优秀的服务型技术、管理人员，提供差别化的服务，以满足顾客的个性化需求。

# 第二节　移动互联技术对文化创意产业的影响

以互联网技术和移动通信技术为标志的信息革命席卷全球，伴随数字技术的发展，文化产业不断创新，由此产生了网络游戏、网络会展、数字音乐、数字出版、网络广告、电子商务、数字设计、网络电视、移动新媒体、手机电影、手机音乐、手机报刊、手机阅读、手机微信等一批新兴文化产业，这些新文化形式促使了传统新闻出版和电影电视等文化产业的转型升级，利用信息产业与文化产业的有效融合，激发了文化创意产业的创新活力，为文化消费提供各类优质产品。运用数字技术，众多实物文化产品被制作成电子文件，互联网搭建媒介传播平台，移动手机的大量使用为文化产品消费提供广泛的市场空间，特别是智能手机对数据传播速度的提升和安卓系统的应用，各种功能软件服务于人们的日常生活，大量文化产品供人们随时随地消费，为文化创意产业的发展提供了前所未有的机遇。电子文化产品形式越来越多，通过互联网和移动手机这些方便、快捷、灵活的手段，电子文化产品的消费模式越来越成为人们对文化产品消费的主要模式。西方发达国家在进行本国经济结构调整过程中，都把文化创意产业作为重点，借助移动互联技术的应用，推动文化创意产业与高科技产业融合，促进经济转型升级。北京作为中国的文化中心，是否也可以走这一模式，笔者尝试进行深入研究。

## 一、移动互联技术对文化创意产业的影响

信息技术和移动互联技术是促进文化创意产业发展的重要因素，以数字软件为制作手段、移动互联网络为传播渠道的文化创意产品正在从文化创意、产品设计、销售渠道、产品体验、消费终端各个环节对传统文化创意产业进行变革。

### （一）文化创意产品制作成本降低、体验效果增强、附加值高

数字技术的发展促使各种功能软件的诞生，如电脑制图、图片修改、音效及视频录制、电脑模拟等，这些高科技多功能软件使传统文化创意产品需要花费很长时间、消耗很多材料才能完成的工作量，电脑软件只要几个小时挥动鼠标和键盘即可完成，并且文化创意产品制作精美、色彩艳丽、声音悦耳动听，消费者体验效果好，精神享受得到满足，购买文化创意产品的意愿增强。

### （二）文化创意产品流通成本降低

传统文化创意产品一般为实物形式，产品流通一般需要经过产品包装、搬上货车、火车或飞机长距离运输、人工卸货、派送到经销商实体店等环节，在整个过程中，通常要耗费半个月时间，并且花费大量的流通费用。而移动互联技术的发展，使以电子文件为载体的文化创意产品在消费市场上流通成本几乎为零。产品制作商只需要将文化创意产品上传至网站，消费者只需上网点击下载即可，仅仅几分钟，时间短、花费少，普通大众都有这个消费能力。因此，移动互联

技术降低了文化创意产品的消费门槛。

### （三）文化创意产品传播渠道增加

传统文化创意产品只能通过实体店的方式销售，如书店、图书馆、电影院、剧院、画廊、展览馆等传播方式，覆盖范围小，只有大城市甚至实体店周围几公里内的人们去看，居住在其他地区的人们由于路途遥远而不愿享受文化创意产品。移动互联技术使文化创意产品传播更加便捷，无论在城市还是乡镇，无论白领、富豪还是普通职工，只要有电脑可以上网，点击各种网站，即可消费自己喜欢的文化创意产品。因此，移动互联技术增加了文化创意产品的消费群体。

### （四）文化创意产品消费时间增加

传统文化创意产品一般为实物产品，不利于携带，消费者一般要拿出专门的时间来体验，如周末去电影院看电影，下班后吃完晚饭看电视，睡觉前在床上看书。移动互联的出现改变了人们的文化消费方式：坐公交、挤地铁的时候，人们可以拿出手机看电子书；坐火车的时候可以拿出手机看电影；工作累了，可以抽空打开网站浏览新闻；饭后休息可以看看视频；晚上睡觉前拿出手机，看看微信里"朋友圈"的动态。人们没有浪费这些零零散散的时间，全都在消费文化创意产品。因此，移动互联技术增加了文化创意产品的消费数量。

### （五）文化创意产品创意来源更加广泛

互联技术将文化创意产品设计者与消费者紧密联系在一起，使文化创意产品设计者更全面了解文化创意产品的目标市场信息，同时，网站的互动功能（如留言板、论坛、上传功能）使每个人既是文化创意产品的消费者，也是文化创意产品的设计者，每个人都在为这个文化市场提供创意。创意不再是文化专业人士的专利，而是全社会的集思广益，广泛的创意必然导致文化创意产品的增加，消费的增加。

移动互联技术促进了文化创意产业与信息产业的融合，文化创意产品的创造、制作、传播和消费变得方便快捷，为文化创意产业发展开拓了市场空间。

## 二、移动互联技术与文化创意产业的融合发展

大力推进以数字技术、移动互联技术为技术支撑的信息产业与文化创意产业相互融合，实现文化创意产业发展方式转型升级。

### （一）推进智慧城市、数字城市建设，应用数字技术升级传统文化创意产品

当今移动互联时代，人们消费文化创意产品的方式正在从传统的实物方式向电子方式转变，一般是用电脑、手机为工具消费文化创意产品。那么，传统的文化创意产品就要制作成电子文件的形式，适应现在的消费终端。应用数字技术对传统传媒业、出版业、影视制作业、动漫娱乐业的产品进行数字化，比如将传统经典的胶片电影电视剧转换录制成电子视频文件，舞台歌

舞剧、文艺演出和艺术展览录制成 3D 视频文件，传统经典书籍制作成电子图书，发行数字报纸（如手机报）、电子图书等；建设数字图书馆、数字博物馆、数字艺术馆、数字书店、数字剧场等数字文化创意产品消费场所；鼓励在线教育、远程视频教育、网络公开课等多种教育形式。将文化创意产品渗透到日常生活的每一个环节，使人们可以随时随地享受文化盛宴。

### （二）制作多国语言版本文化创意产品，实现民族文化走向世界

通过互联网，全世界人们时刻联系在一起，全球化不仅是实物商品的全球化，也是文化创意产品的全球化。当我们浏览外国网站，观看外文视频时，我们在消费外国文化创意产品。同样，我们也可以将我国带有民族文化底蕴的文化创意产品制作成英文、德文、日文等多种外文版本，通过互联网这个媒介，将我国文化创意产品放在外国网站上传播，吸引外国人民消费，以相对较小的成本，实现民族文化"走出去"战略，弘扬中国价值观。

### （三）保护知识产权，打击非法电子文化创意产品的传播

移动互联技术给文化创意产品传播带来了便利，但也为不法分子盗版、复制、转录未授版权的电子文化创意产品提供可乘之机，严重损害文化创意工作者的利益，削弱从事文化创意工作的积极性。政府要加强知识产权保护力度，严厉打击各种非法侵权行为，惩罚盗版商户。工商、文化部门可联合公安网警，定期定量在网上抽查文化创意产品复制传播情况，一旦发现，严格查处，追究相关责任人法律责任。建立完善的监管体系，鼓励公众通过微博、微信等方式进行监督举报，保护文化创意工作者的合法权益。

### （四）加大信息与文化复合型人才培养力度

积极搭建文化创意公司、网络公司、移动通信公司与高等院校交流平台，引进文化创意产业高端管理人才，鼓励高等院校交叉学科发展，兼学移动互联技术与文化艺术课程，在企业建立实习基地，培养学生实践能力，对于从事文化创意产业的大学生，在落户、"五险一金"等就业政策上给予一定优惠，鼓励复合型人才投身文化创意产业的发展。

### （五）创新移动互联文化产品盈利模式

移动互联文化产品要想持续发展，必须创新其盈利模式。每一个优秀的文化创意产品的诞生都会消耗人力、物力和财力，这些都是文化创意产品的制作成本，如果这部分成本无法收回，文化产品制作公司或者个人就没有制作下一个文化产品的动力，文化创意产品制作的从业人员就会逐渐离开这个行业，文化创意产品的创作也就无法持续。目前，广告是移动互联文化创意产业的主要盈利方式，点击率是广告投放的主要参考指标。

### （六）加强对移动互联文化产品的监督审查

移动互联文化产品已经是现在重要的文化传播手段，由于移动互联文化的创作可以分布在人群的各个角落，每一个个体就是一个创作源，不同个体的教育背景、家庭背景、生活经历并

不相同，每一个个体对社会的看法也不会完全一致，而移动互联文化产品对人们的价值观和世界观具有重要影响，移动互联网文化产品对我国国民素质和国民精神具有重要的引导作用，因此，我们要对这一领域进行必要的监管，对移动互联网文化产品的内容进行审查，对低俗文化予以抵制和销毁，对违法文化产品追根溯源，找到违法文化产品的制作者和传播者，依法对其惩处，保证移动互联文化产业的健康发展。

# 第三节　新媒体艺术与文化创意产业的融合互动

新媒体有三个基本特征：一是改变了传统媒体的传播形态、状态，二是增强了信息传送的互动性和即时性，三是实现了高科技、多技术、多媒介的融合。

新媒体艺术以信息科学和数字技术为载体，以现代艺术为内容，以向大众传播科学理论为纲领，通过媒介的传播技术将科学与艺术高度融合，应用到文化、艺术、商业、教育和管理领域，并且，以此对文化艺术本身和文化产业产生重大影响。

## 一、新媒体艺术与文化创意产业的有机融合

### （一）新媒体与文化产业有机融合的具体领域

划分的文化产业中，新媒体作用于文化创意产业的具体行业有七个：新闻出版发行业、广播电视电影服务业、文化艺术服务业、文化信息传输业、文化创意及设计业、文化休闲娱乐业、工艺美术品生产业七个行业。新媒体本身具有渗透性极强，影响并作用于文化产业的各个环节中：从创意内容生产到推广流通再到消费都紧密相连，文化产业在新媒体的影响下正在发生深刻的变化。

### （二）新媒体艺术赋予文化创意产业的新特性

抓住对象要点，往往是将作品表现完整的关键。抓住对象要点并不是根据对象特征泛泛的思考，而是根据作品需求，结合创作灵感的综合性考量。在形成作品的时候需要思考，针对对象是应该抓住对象个性还是共性，抓住对象的个案还是趋势，抓住对象的广度还是其特殊性。

如果作品着重反映个案，则无需将庞大的数据进行统计处理，而需要筛选符合需求的案例加以修饰。如着重反映数据的通性、趋势与普遍共性，则需要将数据进行整合，筛选整体特点。

1. 数字性

在新媒体渐渐渗入文化创意产业各个环节的过程中，文化创意产业就被烙上了数字化的印记。传统文化产业已开始蔓延到数字内容产业的发展方向，数字内容产业以创新为动力，将结合文化资源的最新数字技术，以一种新的生产方式和消费模式产生了一个新的产业群，培育新的消费群体，然后向高端技术实现数字化升级带动传统产业，创造了显著的经济和社会价值。

文化产品不再仅仅以报纸、书本和录像带、磁带这样的形式生产、发行。3C产品风行繁盛又升级换代，达到了日新月异的程度，这为数字杂志、数字报纸、数字电影、电子书的发行提供了赖以生存的土壤，多媒体带来的眼、耳、手同时参与的体验模式及不断成熟的新媒体技术又灌溉了这块土壤。在会展行业，新媒体突破了传统的展览展示方式的局限，使有限珍贵文物资源数字化，世博会上"会动的清明上河图"就是文化数字化的形象展示。同时在展览方式上，

上海美术馆、国家博物馆、北京天文馆都开设了网上观展的形式，用户只要在互联网上，就可以实现360°全景观看，同时还可进行一定程度的互动体验。从大范围看，数字文化产业是高增长发展速度和高利润空间的，因为数字媒体化具有高文化产业的特点和创意产业高附加值的特点，对宣传和弘扬民族文化，有着深远的意义。

### 2. 交互性

当我们拿起手机看视频、阅读新闻时，当我们完成邮箱、购物网站的会员注册时，或者当我们进入 BBS 发表自己的观点时，又或者是当我们玩游戏与其他玩家交流时，不知不觉我们完成了某种意义上的人机交互，这种特别的交流方式是新媒体赋予文化产业的另一个特性——交互性。文化产业中新媒体的交互特性体现在两方面：以空间中墙面、地面为代表的实体环境内互动和以窗口界面为主的虚拟环境下互动。不得不说自有计算机以来，键盘、鼠标在过去近半个世纪成为人类与计算机沟通时的最主要和最常见的介质或者说是工具，然而，当苹果语音识别、光学字符等识别技术迅猛发展并且能达到有效交互的目的时，人们就能够摆脱键盘、鼠标，只需在触控屏上用手指点一点、划一划、写一写，抑或对着机器说几句话让它为我们做点什么，甚至只需在几个摄像头前随便做个表情或者手势，就能达到互动的效果。然而这些仅仅是停留在技术和表达手段上的革新，并没有发挥交互过程中的客体的意义和价值。互动性是指在信息传播的过程中，客体与主体发生同步交流。

交互性的内容本身就是一个需要设计的审美互动，艺术家的理念通过交互体验去传递、表达和完善，这就需要将审美接受客体的价值整合其中，预留出审美意义的空白，通过创造出丰富的交互体验，来完成审美互动的价值空间的构建，来帮助人们交流和理解，最好的用户界面就是能创造有意义的用户体验的界面。然而目前的困境是，如何利用界面设计吸引观众参与到互动中来。比如宜家网站，就是把产品生活化，先拍摄出每个系列产品在一个普通人家的布置和使用情况，当鼠标滑过的时候，静态的页面就复活成动态的生活场景，演绎一个生活的片段，更有宜家的产品显示出来。这就超越了简单的人机交互的网站设计，成功将消费者带入了新媒体阅读产品信息的体验互动时代。

### 3. 超文本性

新媒体自产生以来总是离不开网络这个范畴，一张信息网无非是信息传输、接收和共享的虚拟平台，如果说信息数字化实现了信息的传输和接收问题，那么创造出超链接的文本和图像信息使各种不同的空间成为信息网络中文本共享的重要载体。在网络空间，超文本链接使人们从一页文本或一个图形链接到其他页面，人们浏览网页时，点击网页上的关键词就会进入另一个带有这个关键词内容的网页。这意味着从过去的直线式阅读开始转换为结构的阅读，当超文本和多媒体技术相结合形成了超媒体，就打破了束缚媒体的界限。

### 4. 虚拟性

网络技术的兴起与普及，使新媒体具有网络化的同时也凭借其多媒体、超文本性、虚拟性等实现对现实世界的虚拟。通过各种识别技术手段增加游览者的沉浸感和参与感，互动装置、3D 投影、360°全息、电子书、人机对话、体感游戏等的运用打破了沉默单一的观展体验，使游客充分融入展览主题空间之中。新媒体赋予文化产业数字化、交互性、超文本性、虚拟性四个特性，催生了文化产业的新业态和盈利模式，而以相关技术促进文化创意产业结构调整也是新媒体的核心。在新媒体赋予文化产业的特性之中，数字化是基础和前提，在此基础上实现了超文本性和虚拟性及网络化工作的特性，交互性是核心和灵魂，是新媒体赋予文化产业新的活力的源泉。

## 二、新媒体艺术对于文化创意产业互动的意义

### （一）振兴文化创意产业，大力传承古老文化遗产，提高文化商品的附加值

首先，新媒体艺术由于其开放性、自由性，并且可复制性高，成本低的特点，能够根据不同消费者的喜好和内心需求进行创意设计，在自主知识产权争强的基础上，尽量很好地回避传统文化产业风险过大、成本过高的缺陷，而是借助高科技手段来实现文化商品的使用。与传统的文化产业相比，诞生于知识经济时代的文化创意产业更加强调创意的重要性，创意是其核心，并表现出多样性而非同质化、分众消费等诸多特点，保障了文化商品的使用价值。

其次，新媒体艺术中数字化保存和虚拟现实功能，能够实现对非物质文化遗产或者物质文化遗产的很好的保护，从而保护中华文化的源远流长。物质文化遗产易被破坏和非物质文化遗产不易保留的特点决定了这两者都需要借助科学技术，在继续承担文化艺术传播功能的过程中，同时使自身被保护和保留。

再次，新媒体艺术能提升艺术产品价值，能够很好地把创作者的名气和才华或过去依靠物品历史的文化价值转化成为新媒体艺术带来的更高的附加值当中，依靠能够感受的互动体验来提升艺术产品附加值，可以很好地增加文化创新产业的创新含金量，进而推动经济的快速发展。新媒体是文化艺术传播的重要载体，是文化创意产业的重要技术手段，是提高创意产业竞争优势的重要密码。因此，融合新媒体技术与文化艺术要素的新媒体艺术成为文化创意产业的重要内容。

### （二）实现对文化创意产业美学经济和体验的应用

新媒体艺术是文化创意产业实现一种叫"体验经济"的重要载体。"体验经济"是继农业经济、工业经济、服务经济之后的一种新的经济形态。所谓体验，就是企业以服务为平台、以商品为道具，以消费者为中心，从而创造出值得消费者回忆的行为。众所周知，商品是客观存在即有形的，服务是无形的，而创造出的体验是会给人留下记忆的。与以往不同的是，商品、服务对消费者来说都是外在的，但体验是主观存在，即内在的，存在于个人心中，是个人在身体、感情、意识上参与所获得的。没有两个人的体验感受是完全一样的，因为体验是来自每个人与商品之

间的互动所得的感情。在这里，大致总结了 5 种体验：娱乐体验、教育体验、情绪体验、审美体验和情感体验。新媒体艺术交互、虚拟的特点增加了受众的被卷入感，例如在四维影院中我们亲身体验到虚拟现实技术借助声音、音乐、光线、电子影像、机械互动装置、遥控器等多种媒体相结合，打造出幻真的虚拟世界。新媒体艺术带来的体验是借助数字技术，通过虚拟现实，使消费者得到沉浸感、交互性和构想性。体验是企业将服务作为商品的主要内容，以服务为平台，把消费者作为服务的中心，来营造可以让消费者获得满意的用户体验和感受的商业行为。体验有形商品和无形服务紧密结合起来，创造一个难忘的经历，留下了深刻的记忆，这种商业形式与传统的商业服务不同。因为无论是传统的商品还是传统的服务业，它们的形式都是外在的，但是，体验产业留给受众的是一个意识，一个通过身体和情感进行双重参与的，通过自己的主观能动性获得的可贵的感受，是个人情感与商品本身互动而获得的感受。

新媒体艺术的低门槛对于美学经济的普及具有重要意义。美学经济指"立足于美学价值，通过向潜在消费群体提供审美服务产品（或将审美要素大量渗透到商品中），以提升商品的文化附加价值，使消费者获得审美愉悦为目的而获得利润的经济形态"。美学经济的题中之意是强调艺术生活化，通过将美附着在人们能够更多接触到生活中的实用物品或商业服务，来推广美的体验，实现审美教育和审美享受的普及，从而达到文化艺术的"平民主义"，即平民美学。新媒体艺术使艺术生活化，艺术生活化是文化成为产业的基础。文化创意产业以商业形态给我们创造了一个更公平、更包容的文化语境的构建契机，促使形成更加公平的艺术文化共享空间，以便大众容易接受、理解这些艺术文化层面的享受，这无疑可以使社会文化更快更好地整体进步。

新媒体艺术对美学经济的推广意义深远，基于美学的"审美的高低也体现了对市场的经济手段，提高产品的审美或者品牌效应也能为产品提高附加值，同时也能更好地服务消费者，从而让消费者获得利润"。例如在中国传统花店经营模式中，原来大都是采用传统媒体进行推广，现在如果在花店的品牌创立中运用新媒体艺术的理念及自媒体的传播方式，线上线下相结合进行"体验"经营模式，将会起到良好的市场经济效果，自媒体的互动体验，也能带动用户体验有趣的内容及新型的购买方式。

# 第四节　新媒体时代我国文创产业发展的对策

时至今日，文化产业领域承载了诸如文化振兴、区域经济发展、艺术形式（技艺）传承、旅游资源开发、知识产品贸易等层面的期望，而在其背后，是国家民族、各级政府、文化企业与组织团体及个人的殷切目光。在此背景下，新媒体的勃发与使用成为无法逃避的现实境遇。机遇与挑战并存的现实环境中，依托数字信息时代的网络传输便利，网络的交互性及开放性、可书写性、共享化特质，正在继续改变着文化产业的整个生态。从 PC 终端到移动传媒，从传统纸质阵地的电子化到新媒体广告的富媒体表达，从平面宣传到立体传输，从影音展示到游戏参与机制，从双向书写到人人社区，一个前所未有的局面即将形成。新媒体时代，文化产业的营销变得更加丰富多样，也经历着和媒体介质更加密切和深刻的共融体验。

## 一、文化产业与文化产业营销

伴随着世界范围内对文化产业发展的重视，在不同国家和地区的产业发展规划及战略措施制定过程中，诸如创意产业、内容产业、休闲经济之类的提法与"文化产业"概念存在着不同程度的并行混用情况。以创意产业（creative industry）而论，这一集中出现于 20 世纪 90 年代的概念，囊括了十几种依赖个人创造性工作的产业类型，包括电视、电影、出版、建筑和游戏等诸多范畴。而内容产业和休闲经济的提法则侧重于知识产权维护、文化艺术的产业价值及大众群体休闲生活这些方面。

概而论之，英国是较早和较成功地使用创意产业概念并致力于发展其产业体系的国家，而澳大利亚则在政策制定和产业运营中采用了"文化产业"的说法。一般而言，文化产业范畴包容性较强，它和创意产业、内容产业、文化传媒业都有特定的亲缘关系。首先，文化产业是需要创意的，但创意并不是文化产业的独有特质，各个行业都需要创意的支撑。其次，文化产业本身就是内容产业，其中又以文化艺术和娱乐内容为主要产品形态。由此可见，文化产业指代的是以创意为手段，内容为核心，以文化版权交易和艺术消费为主要形态，通过企业组织方式从事文化商品生产和服务的行业与活动的总称。

文化产业特殊性之一是不像传统产业那样具备清晰的投入和产出形态。它有自己的投入和产出形式，但并不局限于某一个种类和部分。"文化"的范畴从来都不是截然明确的，文化产业的体系也相对开放多元。文化成为一种可以和产业发生关系的资源和基础，而产业运作过程则表现为生产文化产品并满足市场的需求和大众群体需要。文化产业向来有"内容为王"的说法，这形象地揭示了文化产业之内容创意的重要性。在创意生发并形塑为内容，最终以产业链的形态出现时，类似故事、节目、活动等文化艺术形式的知识产权才得以构成文化产业的核心。在这一微妙的转化过程中，市场及商业层面的经济规律发挥着重要作用，决定着文化产业之结构天平的两端：文化与市场。市场的有效运营和效益最大化，自然回避不了日趋重要的营销问题。

文化产业营销的理念在不断拓展丰富，变得更加趋向于对市场乃至生活中人际关系和社会环境的重视。在立体性和多维性更加凸显的营销视野中，文化产业的营销更应思索文化、人、市场之间的辩证关系，更应关注在文化产品的特性与受众群体的自我实现之间的有机联系。而这种现实需求，便直接导向了对新媒体营销功能的深入发掘和使用层面。

## 二、新媒体范畴与文化产业领域

文化产业和媒体之间存在诸多交叉地带，媒体范畴实际上扮演着文化产业内容和文化产业宣传者、文化产品营销者的多重身份。按照一般传统媒介文化市场和新兴媒介文化市场的区分方法，新闻出版、广告业、影视演艺、文化旅游等属于前者，而互联网产业、移动终端产业、创意设计、动漫游戏等属于后者。当然，这种区分是相对的，因为在媒介融合和新兴媒介日益洗礼和改变整个人类社会存在态势和样貌的当下，所谓传统媒介体系中已经有了比重日益增加、作用日益凸显的新兴媒介。而新兴媒介市场一方面作用于传统媒介文化，另一方面又和传统媒介文化市场彼此勾连甚至资源共享、深度合作。

究其实质，其振聋发聩之处有三：其一，清晰地点出了媒介承载信息的本质特征，进而把媒介对人类及人类社会的形塑和影响功用凸显出来。其二，着重提出媒介对于人的感官认知的意义，从而指出了人处于媒介环境中并依托媒介存在和生活的现实。其三，对媒介功用的重视和对人类媒介化生存态势的深刻关注。麦克卢汉指出人类长期"对媒介影响潜意识的温顺的接受，使媒介成为囚禁其使用者的无墙的监狱"。麦克卢汉的思想与20世纪70年代英国的伯明翰学派的文化研究旨趣前后应和，尽管他并未采取结构主义或解构主义的研究路线，但是无论怎样，美国当代文化的研究基本可以区分为偏向英国之西方马克思主义研究的倾向和受到法国文化研究影响的潮流。这一方面体现出对媒介文化的反思；另一方面也肯定了媒介的强大功用，指出其塑造甚至已经成为人类生活内容的重要部分。

西方的一些较为激进的文化批判理论放置在我国的现实语境中，其影响并不像原来那样尖锐。需要指出的是，在国外的相关研究中，对媒介作用于文化产业的研究也是有所侧重的，表现为对媒介作用于社会及经济、文化层面的实际效果研究。从上述背景出发，从肯定发掘新媒体对于文化产业的巨大功用出发，从文化产业的新媒体营销策略切入，不回避现代传媒产业隶属文化产业的基本事实，侧重于文化产品推广和文化资源发掘实际，成为切实可行且深具意义的研究路向——新媒体范畴

从对新媒体的形形色色的描述和界定看，有几个方面的稳定特质是得到认可的。其一，新媒体是相对的概念。"新"相对于"旧"而言，不存在永远的新媒体，一种新媒体必然面临发生、发展、变形甚至终结的过程。其二，在特定的时间段里，新媒体仍拥有相对稳定的内涵。在当下，新媒体特指那些基于数字技术和网络信息平台，实现超越既有媒体功能、融合媒介界限之广泛传播的媒介。其三，新媒体既是整个媒介文化产业的一部分，又能极大助推诸如影视、音乐、广告、游戏等文化产业的创新化、升级化发展。一方面，新媒体衍生了诸如在线内容消费（在线音乐、

视频节目、电子期刊等）的庞大阵容，为以新媒体为核心的文化产业创新提供了来自内容和形式两方面的澎湃活力。另一方面，新媒体又是文化产业推广、宣传自身的传播利器。在网络空间的强到达率和广覆盖率面前，依托门户网站、网络视频、搜索引擎，Email、论坛、博客、微博、SNS、微信、数字电视、户外新媒体等具体平台的针对性功能细化一场前所未有的新媒体营销时代已经开启。

## 三、国内文化产业的新媒体营销趋势

新媒体营销即应用新媒体工具进行营销活动以达到商业销售目的。新媒体营销的首要特质是营销渠道与工具的新媒体化，这与现代市场营销理论并不冲突，其核心依然是像菲利普·科特勒说过的那样："满足别人并取得利润"。因此，对于文化产业的新媒体营销而言，文化产业相关产品（商品或服务、体验、产权、创意等）是被营销的对象，新媒体是营销工具，其目的是促使消费者（个人或群体组织）完成购买行为，满足自身需要。

### （一）广泛的营销渠道：泛化与组合

当下新媒体是在数字信息技术基础上产生和发展的，莱文森将其称为"新新媒介"。与目前新媒体的"势力版图"相伴，文化产业新媒体营销涉及几个大的板块：

1. 互联网媒体营销

互联网媒体营销主要指那些基于 PC 网络而实现的营销活动，其主流方式包括网站、搜索引擎、博客、微博、电子邮箱等。经过近年来的迅猛发展，互联网媒体营销正在发挥越来越重要的作用，它裹挟着网络沟通的便利和互动特质，往往以营销成本低、效果明显著称。正像互联网自身的词汇语义那样，互联网媒体依托的是新媒体环境中人类群体的网络化联系——人类依托数字网络而建构现代生活，互联网的媒体营销策略也依托具体媒介到达受众并与之紧密相连。

2. 移动媒体营销

移动媒体是以手机或平板电脑等移动终端设备为基础，依托网络平台实现传播的大众媒介。手机为代表的移动媒体营销，正在深刻地影响文化产业的营销策略，其营销功能已经体现在短信、彩信、手机报、手机视频、手机电视、手机微博、APP 应用、二维码应用、手机网络等丰富形式中，形成了一股"指尖上营销"的潮流。

3. 大电视媒体营销

相对于网络时代的营销方式，电视营销和纸媒营销都属于传统营销范畴。然而，目前电视媒体日趋走向与网络、多媒体、通信技术的融合。数字电视实现了从传统模拟信号向数字信号传输的变革，IPTV 则将网络与电视终端深度结合，最终形成了"大电视媒体"的格局。目前从播放终端上看，具备网络功能的电视已经成为市场主流；从内容整合上看，网络电视兼容了网络视频公司的自制内容和广电媒体的日常节目。近两年，乐视、小米等迅速推出自身的网络机顶盒或网络电视，目的在于利用自身内容生产、集成或品牌优势，参与到当下大电视产业之中，培养用户并开拓市场。在此过程中，电视媒体的营销功能不但没有弱化反而得到了进一步拓展。以往惯常采用的电视广告仍然被广泛使用，而植入式广告和贴片广告则随着电视内容的丰富而得到进一步发展。

4. 户外新媒体营销

户外新媒体主要包括户外电子显示屏和楼宇电视、车载电视等，目前车载媒体主要承担移动视频播放的功能，社交和互动功能尚待发掘，其营销功能主要以播放文化产品广告为主要体现形式。值得一提的是，在目前国内的文化演出宣传中，户外大屏幕营销和楼宇电视、车载电视的滚动视频宣传较多见，其价值体现在流动人群覆盖和演出信息（演员阵容、演出规格等）的即时性传播上。

概而论之，在文化产业的新媒体营销实践中，既有针对 PC 网络平台展开宣传推广的情况，也有针对上述板块的多个或全体进行投放的行为。前者主要体现了当下新媒体营销中可选媒介平台及方式的多样化，后者则迎合了媒介融合趋势下的信息传播需要，在传播过程中直接表现为在泛平台基础上实现的媒介组合化扩散。在此基础上，网络广告联盟体现为搜索引擎、网站和电商等网络组织集合网络媒体资源，吸引广告商投放广告，并利用可计量的实际效果（点击、注册或购买等）获取广告收入的运营过程。

## （二）视觉文化的洗礼：网络视频营销发展迅猛

网络视频广告的优异表现是近年来网民视频消费习惯推动的结果。当下网民已经培养成通过网络视频观看热播影视剧的习惯，这使在线视频媒体的媒体价值不断得到提升，吸引了大批广告主的投入热情。此外，伴随着植入式广告和冠名广告及微电影营销方式的深入拓展，网络视频的营销功能还将被进一步发掘。

文化产业的网络视频营销表现为文化企业或文化产品生产者及相关社会机构通过网络视频载体将相关信息传播出去，实现影响消费者并达到营销目的的营销方式。目前我国网络在线视频的主要收入来自广告，这也意味着在线视频在大量承担着为广告主及商家宣传推广产品的服务。从国内网站发展实际看，综合视听节目网站的网络广告市场占有率将稳步上升，而门户网站的市场份额将进一步下降，一方面，目前广大网络用户的付费习惯仍未被真正培养起来，付费观看视频模式在一段时期内仍难以成为主流。另一方面，网络视频之广告功能得到了深度发掘，吸引了包括文化企业在内的诸多商业组织的青睐。

在网络视频对文化产业的营销模式中，微电影营销是近年来表现较为活跃的形式之一。以旅游主题微电影为例，包括庐山、九寨沟等风景区及南京市旅游局、河南省旅游局等机构在内的各级单位和组织都纷纷推出微电影作品，将旅游资源呈现为视听画面，嵌合进爱情故事、搞笑题材等多种叙事方式，最终体现为高点击率和关注度，取得了较好的传播效果。和以往单纯的网络视频插播广告相比，微电影的叙事性更强，更容易结合当地旅游资源展开基于人文背景、市井生活的叙事铺成，在建构微电影作品的同时也打造了地方旅游的优质影像名片。

# 参考文献

[1] 李典．博物馆文化创意产品开发设计与发展思路研究 [M]．长春：吉林人民出版社，2020.

[2] 郑刚强，王志，屈智源．文化创意产品设计 [M]．武汉：武汉理工大学出版社，2020.

[3] 郑刚强，王志，屈智源．文化创意产品设计 2[M]．武汉：武汉理工大学出版社，2020.

[4] 张颖娉．文化创意产品设计及案例 [M]．北京：化学工业出版社，2020.

[5] 戴晶晶．文化创意产品设计方法研究 [M]．北京：中国轻工业出版社，2020.

[6] 李欣遥．现代文化创意产品设计研究 [M]．长春：吉林出版集团有限责任公司，2020.

[7] 曾莉．文化创意产品视觉设计研究 [M]．西安：西安出版社，2020.

[8] 杨丰齐．文化创意视角下的产品设计与创新 [M]．长春：吉林美术出版社，2020.

[9] 程传超，周卫．图书馆文化创意产品开发研究 [M]．长春：吉林人民出版社，2020.

[10] 邓嘉琳，熊翼霄，任泓羽．包装创意设计研究 [M]．长春：吉林大学出版社，2020.

[11] 张春彬．体验经济背景下文化创意产品设计的研究与实践 [M]．沈阳：辽宁大学出版社，2019.

[12] 马云．文化创意与旅游产品设计 [M]．吉林出版集团股份有限公司，2019.

[13] 戴燕燕．文化创意视域下的产品设计方法论 [M]．江西美术出版社，2019.

[14] 严褒．文化创意理念与产品设计应用 [M]．长春：吉林美术出版社，2019.

[15] 李丽凤，刘付勤．产品创意设计 [M]．西安：西安电子科技大学出版社，2019.

[16] 李雅林．文化创意产业与产品传播的媒介发展路径研究 [M]．沈阳：沈阳出版社，2019.

[17] 陈凌云．博物馆文化创意产品开发研究 [M]．上海：上海社会科学院出版社，2019.

[18] 杨静．文创产品设计与开发 [M]．长春：吉林美术出版社，2019.

[19] 贡巧丽，郝丽琴．文化创意产品传播与推广的媒介呈现 [M]．成都：电子科技大学出版社，2019.

[20] 任敏．文化创意产品设计与开发研究 [M]．长春：吉林大学出版社，2018.

[21] 高晋．多元文化语境下产品设计的创意表达 [M]．北京：北京工业大学出版社，2018.

[22] 田利，李金建，徐延华．图书馆文化创意产品开发理论与实践 [M]．北京：北京理工大学出版社，2018.

[23] 孙楠．文化软实力视阈下的创意产品 [M]．长春：东北师范大学出版社，2018.

[24] 王慧敏，曹祎遐．文化创意产业发展的理论与实践探索 [M]．上海：上海社会科学院出版社，2018.

[25] 赵玉宏著．文化创意产业融合发展研究以北京文创产业为例 [M]．北京：经济日报出版社，2018.

[26] 丁伟. 文创设计新观 [M]. 北京：北京理工大学出版社，2018.

[27] 翁振. 文化创意产品设计与品牌传播 [M]. 长春：吉林美术出版社，2017.

[28] 冯征，范小春. 文化创意产业新趋向 [M]. 上海：上海三联书店，2017.

[29] 吴春茂. 生活产品设计 [M]. 上海：东华大学出版社，2017.

[30] 肖丽. 图形图像符号创意研究 [M]. 长春：吉林美术出版社，2017.

[31] 伏虎，李新，李俊. 设计概论 [M]. 成都：四川美术出版社，2017.